UN NOUVEL ART DE MILITER

A la mémoire
de Samuel Roulleau

33 rue Saint-André-des-Arts – Paris VIe
www.editionsalternatives.com

Happenings,
luttes festives
et actions directes

UN NOUVEL ART DE MILITER

Texte de Sébastien Porte / Photographies de Cyril Cavalié

ALTERNATIVES

Pavé en mousse de polyéther souple lancé rue Gay-Lussac
par le groupe Malsapé-Paris, en commémoration des événements de Mai 68. Paris, mai 2008.

QUE FAIRE ?

QUE FAIRE lorsque dans une société les modèles de contestation sont en crise ? Lorsque le pouvoir dominant récupère, absorbe et digère les oppositions une à une. Lorsque, dans le jeu politique, les héritiers des luttes sociales sont tentés d'adopter le point de vue de l'adversaire puis se retrouvent paralysés par leurs contradictions internes. Lorsque ONG, syndicats, associations et autres corps intermédiaires souffrent des mêmes travers autistes, bureaucratiques ou clientélistes et génèrent les mêmes frustrations face à leur insuffisance. Lorsque les formes les plus radicales de la subversion, assimilées sans distinction à l'épouvantail terroriste, ont perdu toute légitimité morale. Lorsque même les gestes du quotidien semblent vains face à la dérive implacable du monde.

Que faire lorsque le rêve ancestral d'un ordre nouveau est mort et enterré, perverti dans chacune de ses tentatives de réalisation, resté à l'état de brouillon ?

Le mythe du progrès s'est effondré. Les valeurs sont saturées. L'avenir ne fait plus rêver. Les élans collectifs sont davantage portés par le souci d'éviter ce qui n'est pas désiré, de prolonger ce qu'il y a de meilleur dans le présent, que par le désir positif d'un lendemain devenu insaisissable. Pour toute une génération qui s'est éveillée au monde avec la chute du Mur de Berlin, qui a grandi sous un régime d'anesthésie des conflits sociaux, l'échec des grandes idéologies exerce un effet repoussoir inconscient mais néanmoins considérable. L'idée selon laquelle nous ne pouvons jamais prévoir le résultat de nos révolutions fait désormais partie de l'acquis culturel. C'est une donnée intégrée à notre vision de l'Histoire qui se retrouve dès lors en arrière-plan de toute action.

À ce constat d'impuissance s'ajoute celui, entretenu par le discours de crise, d'insécurité économique et de peur de l'avenir. Mai 68 fut l'œuvre d'une jeunesse optimiste et favorisée. Aujourd'hui, pour la première fois depuis longtemps, l'époque promet ses nouvelles générations à une existence plus difficile que celle de leurs parents, et invite à l'admettre comme une fatalité indolore.

Quant aux formes d'expression de la contestation, elles ont aussi atteint leurs limites. Les grands rituels collectifs, grèves, pétitions et manifestations de Bastille à Nation, sont entrés dans une phase de routinisation et de normalisation où l'on devine par avance qu'ils n'aboutiront pas. Les syndicats se montrent dans l'incapacité d'obtenir de nouveaux avantages. La grève n'est plus constructive mais défensive. Ministres et médias enfoncent le clou en présentant la grève non plus comme un outil d'expression indissociable de la démocratie réelle, mais comme une gêne, une entrave, une prise en otage. Au droit de grève se substitue pour le citoyen un droit « à être préservé de la grève » par l'instauration des services minimums. La grève serait même devenue cette chose limite dont « *plus personne ne s'aperçoit* », selon le propos un jour tenu par le président Sarkozy, à la fois comme pour en dresser un bilan cynique et s'exonérer à l'avance de ses responsabilités face au message du pays. En découle, dans le monde de l'entreprise, un sentiment diffus de résignation qui trouve à s'exprimer dans certaines manifestations individuelles de protestation (absentéisme, mini-sabotages, freins à la production...). Plus significatif encore : le conflit social a commencé à évoluer à la fin des années 2000 vers des formes d'action *ad hoc* totalement étrangères à la culture française du travail, et sur lesquelles les centrales syndicales n'ont aucune prise, comme les séquestrations de patrons, les saccages de préfectures ou la négociation par le chantage à la bombe menaçant l'outil de production lui-même.

L'historien Stéphane Sirot le constatait en juin 2008 sur les ondes de Radio-France, au matin d'une journée de grève pour la défense des retraites et du temps de travail. « *Ces journées d'action à répétition ne sont plus la bonne stratégie.*

Les syndicats vivent depuis cinquante ans sur ce système qui a longtemps fonctionné, mais qui ne fonctionne quasiment plus. Auparavant, lorsque les syndicats étaient capables de mobiliser sur 24 heures, des négociations s'ouvraient, chacun faisait une partie du chemin et on aboutissait à un accord. Aujourd'hui, on voit bien que même lorsque la mobilisation est forte, les gouvernements ne reculent plus, et il en faut plus que ça pour reculer ». Les syndicats espéraient ce jour-là un million de personnes dans la rue. Il y en eut la moitié. Et les projets contestés ont été adoptés sans encombre.

De quelque côté que l'on se tourne, vers les modèles du passé, les anticipations du futur ou les réalités de la mobilisation actuelle, les perspectives se sont brouillées. Resterait le réflexe de la fuite et du repli entre soi. Et encore. Sur le territoire physique et dans l'agenda de nos vies, les flux et réseaux technologiques, la domestication des espaces, le contrôle social et le spectacle désespérant dé la religion consumériste exercent une telle emprise, forment un tel maillage, qu'il n'est même plus assuré de pouvoir aménager des zones d'utopie à l'abri de leurs failles.

Ré-enchanter le monde

Dès lors, dans un tel contexte, il était inévitable que naissent de nouvelles formes de contestation. Car les raisons d'agir sont de plus en plus nombreuses. Et comme elles sont de plus en plus variées et complexes, logées non plus dans un lieu central mais dans chaque situation, la contestation pour y répondre a dû se structurer de manière éclatée. Chaque foyer actif pointant une cible unique et cherchant à l'atteindre de manière effective, plutôt qu'à englober la multitude des cibles dans un système de pensée stérile. Voici donc que surgissent dans les années 2000 une génération de collectifs qui braquent les projecteurs sur les points noirs de la société : logement, nucléaire, pauvreté, OGM, chasse aux sans-papiers, vidéosurveillance, nanotechnologies… Et qui le font en insufflant un esprit marqué par le jeu, le rêve, la créativité, le plaisir de lutter ensemble. Une volonté de ré-enchanter le monde. Ils s'entourent d'une esthétique particulière, qui va de pair avec la montée en puissance du pouvoir des images. Ils introduisent l'imaginaire dans un champ du politique qui a toujours essentiellement fonctionné sur les dimensions du réel et du symbolique.

Traversant ces collectifs, des traits communs caractérisent les modes d'organisation et d'action, et font leur originalité.

Au plan structurel :

– **Une organisation en réseau, sans hiérarchie ni chef (sinon un porte-parole), sur le modèle du rhizome** tel que décrit dans la théorie deuleuzienne (en botanique, le rhizome est une racine qui prolifère horizontalement sous terre en de multiples ramifications, chacune portant en elle l'ensemble des informations nécessaires à sa reproduction, et même si l'une est arrachée, une autre repoussera plus loin). Ce modèle s'oppose à l'organisation pyramidale des structures militantes traditionnelles, calquées sur le schéma de l'État-Nation (une base quadrillée en fédérations, un sommet centralisé au contact du monde politique, l'ensemble étant relié par des procédures de délégation).

– **La culture du réseau est renforcée par l'usage généralisé d'Internet.** Quand ils ne sont pas dans la rue, les militants passent leur temps sur Internet à compiler des documents, organiser des rendez-vous, élaborer des propositions de réformes. Or Internet est par nature hostile à la persistance des pesanteurs et du filtre hiérarchiques. Car il permet de diffuser de l'information de manière directe, homogène et indifférenciée entre tous les membres du groupe, et d'accélérer la prise de décision. Internet devient ainsi un espace d'expression politique à l'échelon mondial où s'articulent la réalité de la rue et la virtualité de l'information numérisée.

– **La vie militante est débarrassée de son formalisme, de ses rituels, des petites tâches bénévoles.** Pas de cartes d'adhésion, pas de forme juridique, pas d'assemblée générale ni de langue bois. Là encore, les modes de communication ont fait évoluer les modes d'organisation. Là encore, le nouveau modèle se distingue de l'ancien, de type associatif, qui était à l'image des institutions républicaines (un président/chef d'État, un bureau/gouvernement, un conseil d'administration/parlement, une assemblée générale/suffrage universel).

– **Les militants sont libres de s'éloigner du groupe et d'y revenir quand ils le désirent,** selon leurs envies, leur disponibilité, leurs capacités vis-à-vis de l'action en cours. Ils peuvent également être impliqués dans plusieurs groupes à la fois. Militer n'est plus un don de soi ni un rôle social, c'est une attitude qui peut être aussi vite endossée que quittée. On est loin de la figure héroïque du militant du XXe siècle qui était formé à l'intérieur du groupe, qui y faisait carrière et qui devait lui sacrifier sa vie privée. Les sociologues parlent aujourd'hui d'**engagement distancé.**

– Conséquence de cet engagement distancé, **les collectifs sont dissolubles, éphémères et malléables** à souhait, vu que leur existence ne repose que sur la seule action des individus qui les composent. Certains ne durent même que le temps d'une action médiatique, puis disparaissent. L'objectif est moins de durer que de frapper les esprits.

Au plan stratégique :

Action directe non-violente (ADNV) et **désobéissance civile** sont à la base du mode opératoire. Ce sont des tactiques autant que des principes moraux.

– **Les actions sont pensées comme des « coups », des spectacles médiatiques, des actes de communication, des événements factices** destinés à attirer l'attention des journalistes et à sensibiliser l'opinion, partant du constat que les médias ont besoin d'angles d'attaque pour aborder les sujets de fond. Il s'agit en général de rassemblements de durée limitée, portant sur des objectifs restreints, qui en appellent aux symboles, pour les attaquer ou les parodier. Happenings, actions commando, rassemblements festifs, squats, blocages, barbouillages... Tous les moyens sont bons pour frapper l'opinion.

– **Les actions sont annoncées à l'avance et se font au grand jour, avec le public et les autorités pour témoin, en se plaçant éventuellement dans une situation de vulnérabilité.** La disproportion entre la violence de l'oppresseur et la non-violence de l'activiste doit alors être visible de tous et la violence ne s'exerce que sur des biens matériels. Ces principes issus de la non-violence confèrent à l'action une supériorité morale, et donc une efficacité stratégique.

– **Dans certains cas, les militants peuvent juger nécessaire d'agir hors de la légalité.** Ils appliquent le principe de la désobéissance civile qui consiste à refuser d'obéir à une loi que l'on considère comme contraire aux droits fondamentaux, et à en assumer les conséquences. L'objectif est de provoquer le procès, pour pouvoir y exposer ses thèses, pousser l'adversaire dans ses retranchements et retourner la situation contre lui. Mais aussi, *in fine*, de promouvoir une loi plus juste.

– Par conséquent, **la puissance ne s'exprime plus dans la quantité mais dans la qualité et l'efficacité de l'action,** même si celle-ci n'est que symbolique. Les formes traditionnelles du militantisme tiraient leur légitimité du nombre d'adhérents (ceux qui « collent » au groupe) ou de manifestants dans la rue. L'exposition numérique de la puissance était nécessaire pour ensuite être accepté et peser dans la négociation avec les pouvoirs publics. À l'inverse, les collectifs actuels n'ont pas besoin de beaucoup d'effectifs. Il s'agit plus de « faire image » que de « faire masse » ou de « faire mal ».

Certes, l'approche n'est pas totalement inédite. Dans les années 1990, des associations comme Act-Up ou Greenpeace se livraient déjà à des actions à vocation médiatique, type « encapotage » de l'obélisque de la Concorde à Paris ou occupation de la plateforme pétrolière *Brent Spar* en mer du Nord. Les collectifs d'ADNV de type *single issue groups* (agissant sur un seul thème) se sont également illustrés en Grande-Bretagne ou aux États-Unis bien avant d'arriver en France (campagnes anti-consuméristes d'Adbusters, blocages d'autoroutes à Twyford Down...). La tradition anglo-saxonne a en effet inséré très tôt la notion de désobéissance civile dans sa doctrine juridique. Aux États-Unis, elle permet aux groupes militants, ethniques ou religieux, d'intervenir en tant que tels dans la vie politique, sans faire appel à l'État.

En France au contraire, la tradition républicaine, qui valorise le lien direct entre le citoyen et la Nation, a longtemps dénié le droit à l'expression des groupes intermédiaires, considérés comme des résidus corporatistes de l'Ancien Régime. Ce n'est vraiment qu'au cours des années 2000, avec des actions comme celles des Faucheurs volontaires ou de RESF (Réseau éducation sans frontières), que les collectifs de désobéissance civile ont commencé à faire parler d'eux. La remise en cause des formes de lutte s'est aussi imposée avec d'autant plus de pertinence après le 21 avril 2002, quand l'extrême droite s'est retrouvée présente au second tour de l'élection présidentielle. Ces groupes viennent donc aujourd'hui combler l'espace laissé vacant entre la réalité de la société et la fiction de sa représentation politique.

Plus globalement, le changement dans les manières de militer a accompagné les transformations de la société et des structures économiques. Le XXe siècle a connu le militantisme des sociétés industrielles ; celui du XXIe est un militantisme de la société d'information. Sous l'effet de la numérisation croissante des activités humaines, le passage de la société industrielle à la société de l'information a transformé radicalement les comportements et fait naître une civilisation horizontale, transversale, antijacobine, qui s'administre par le biais des réseaux jusque dans ses révoltes. Le système de valeurs des nouvelles technologies a ouvert la voie aux micro-actions, devenues le niveau efficient du politique, de l'humanitaire, des échanges numériques, d'une puissance qui déborde désormais celle des grands discours. De même, dans la société post-industrielle, les solidarités ne se déploient plus selon une logique de proximité sociale mais selon des processus d'empathie plus universels. Dès lors, la lutte ne se positionne plus sur les seuls rapports de classe. Elle devient fractale. Aucun combat n'est réputé plus fondamental que les autres.

Flux et reflux

Si les collectifs se situent en marge du système dominant, ils ne sont toutefois pas en rupture. Leur stratégie commune repose au contraire sur l'exigence d'un contact permanent avec le monde des médias, de la politique, de la culture et avec l'opinion citoyenne en général. Sur l'échelle de la radicalité et de la clandestinité, ils occupent en fait une place intermédiaire entre deux pôles qui continuent d'exister et de jouer leur rôle : d'un côté, les partis, syndicats et associations qui agissent sur le terrain du social, des entreprises et des institutions ; d'un autre, une mouvance autonome, informelle et anonyme, liée pour partie au courant anarchiste, qui intervient dans le réel à travers des publications, des projets de vie alternatifs, mais aussi des saccages et des affrontements avec la police et les services d'ordre des partis de gauche lors des manifestations. Ou dans l'attente d'une insurrection qui ne vient pas.

Car après le grand élan qui a porté et suivi Mai 68, le tissu militant traditionnel a connu une réelle désaffection. On a parlé pour les années 1980 et 1990 de dépolitisation, d'anomie, de repli sur le privé, de dégradation du lien social. Syndicats et partis ont vu leurs effectifs se dégonfler. La participation aux élections prud'homales a décliné. Les expériences de type communautaire se sont raréfiées. Le bouillonnement que constituait à Paris, dans les années 1970, le mouvement autonome est entré en sommeil. Mais ces formes d'engagement n'ont pas pour autant disparu. À la fin des années 2000, extrême et ultra gauches sont même revenues sur le devant de la scène : politique pour l'une, à la faveur de la crise et des calculs du pouvoir pour affaiblir la gauche parlementaire ; judiciaire pour l'autre, à la faveur des opérations de surveillance et d'intimidation lancées par le même pouvoir sous couvert de lutte anti-terroriste.

La mouvance dite d'ultra-gauche se positionne d'ailleurs en retrait très net par rapport aux collectifs – quoique certains des membres de ces mêmes collectifs s'en réclament. Dans *L'Insurrection qui vient*, l'opuscule attribué à Julien Coupat, l'un des représentants de cette mouvance, arrêté fin 2008 dans une affaire de sabotage de lignes ferroviaires, on peut ainsi lire : « *Il n'y a pas à s'engager dans tel ou tel collectif citoyen, dans telle ou telle impasse d'extrême gauche, dans la dernière imposture associative. Toutes les organisations qui prétendent contester l'ordre présent ont elles-mêmes, en plus fantoches, la forme, les mœurs et le langage d'États miniatures.* » Plus loin : « *Sont particulièrement à fuir les milieux culturels et les milieux militants. Ils sont les deux mouroirs où viennent traditionnellement s'échouer tous les désirs de révolution.* »

Il n'est donc pas question de suggérer ici que l'action directe non-violente, que recouvre l'appellation parfois abusive de « nouveaux militants », aurait pris la place des autres formes d'action. Elle est une méthode spectaculaire qui séduit et occupe de plus en plus d'espace dans le champ public, qui réunit de plus en plus de collectifs. Elle a su s'imposer pour pallier le reflux de l'ancien modèle militant qui peinait à rester audible et à répondre aux nouveaux enjeux. Mais elle reste une modalité d'engagement parmi d'autres. Diverses façons d'intervenir coexistent pour la défense des mêmes causes.

Contaminations

Ces sphères sont même très perméables les unes aux autres. Passerelles et appartenances sont multiples. Tel militant de Jeudi Noir sera par ailleurs encarté au NPA, au PS ou chez les Verts. Tel autre fréquentera à la fois les cercles anarchistes et les actions du collectif des Désobéissants ou de la Brigade activiste des clowns... Les structures militantes classiques étaient fondées sur une normalisation idéologique et sur le mythe d'un « nous » imaginaire où tous les individus étaient considérés simultanément et partageaient la même origine socio-professionnelle. A l'inverse, les collectifs actuels réussissent à fédérer les sensibilités sur un éventail très large : rouge, rose, noir, vert, centriste... La lutte s'organise au-delà des clivages autour de problématiques admises de tous, et sur la base de valeurs communes comme la non-violence. Et lorsque apparaissent des contradictions liées au genre, aux niveaux de langage, aux générations, aux principes éthiques de chacun, le groupe s'efforce de les neutraliser en interne.

Le rapport au politique reste toutefois assez ambivalent, comme le rapport à la question de la subversion et de la rupture. D'un côté, les collectifs ont besoin de cultiver leur indépendance pour paraître le plus neuf et le plus intègre possible. D'un autre, ils ont besoin des politiques pour relayer et faire appliquer leurs propositions. Les partis quant à eux vont s'inspirer de leurs revendications, et s'en inspirent d'autant plus librement qu'elles se présentent sous un jour apolitique, motivées par le seul intérêt collectif. L'écologiste Yves Cochet se réjouit ainsi de ce « *renouvellement de la militance* » : « *les Verts voient ces collectifs d'un œil très intéressé, car ils rejoignent des préoccupations que nous essayons de traduire par l'action politique. Ils nous ont distribué des propositions de loi, nous avons beaucoup travaillé avec eux. Le mélange des genres entre la gravité du fond et la légèreté de l'intervention permet une sorte d'alerte, une perception sémantique différente dans l'opinion.* »

Charlotte Nenner, ex-élue verte à Paris, découragée par le score de son parti à la présidentielle de 2007, a quant à elle renoncé à ses responsabilités politiques pour se consacrer à la présidence de RAP (Résistance à l'agression publicitaire). Elle estime que « *les actions des élus et des associations sont indissociables et complémentaires* ». Selon elle, les nouvelles formes d'expression militante rencontrent aujourd'hui « *un réel écho dans la vie politique* » et « *ont tout à fait leur place dans le débat démocratique* ».

Les politiques se greffent donc de plus en plus souvent sur les actions des collectifs, quand ils n'organisent pas eux-mêmes des actions « à la manière de », à l'exemple des élus verts de cette mairie parisienne qui reprennent la recette de la Manif de droite pour fustiger une émission de télé (la Star Ac') installée dans leurs quartiers (page 13). « *Pour une fois qu'on peut manifester de façon festive et humoristique, profitons-en, on n'abdique rien pour autant sur le fond* », se réjouit Lionel Guérin, chargé de communication chez les Verts, qui reconnaît « *une imprégnation* ». A propos de sa Manif de droite : « *aucune action d'un groupe vert n'a eu autant de couverture médiatique, alors que si on communique par une conférence de presse, il n'y aura personne.* »

Dans certains cas, les collectifs sont même directement liés aux organisations politiques et n'hésitent pas à afficher leur appartenance. L'Appel et la Pioche, qui organise des pique-niques sauvages dans les supermarchés, est un comité du NPA (page 94). De même, Sauvons les riches compte parmi ses animateurs plusieurs candidats de la liste Europe Écologie, dont il relaye une revendication sur le plafonnement des revenus aux élections européennes de 2009 (page 136). « *On ne dit pas qu'il ne faut pas voter,* rappelle Manuel Domergue de Sauvons les Riches. *Notre action entre dans un projet plus global qui passe par des élections. À un moment, il faut choisir le bulletin à mettre dans l'urne.* »

Ainsi la contamination se fait-elle à la fois par les idées et par la pratique. Et elle s'étend non seulement aux partis, mais aussi aux syndicats et à tous les secteurs de la vie socio-économique : les salariés de Michelin mettent en scène l'enterrement de leur usine, les professeurs en lutte contre la réforme des universités délocalisent leurs cours dans la rue, inventent « la Ronde des obstinés », les enseignants du primaire invitent médias et parents d'élèves à « la Nuit des écoles » ou organisent des opérations « gilet jaune » pour sauver les réseaux d'aide spécialisée...

Mais le mélange des genres a ses limites. Deux exemples : le soutien technique que les Désobéissants ont apporté en 2009 aux grévistes de Numéricable (page 30) et la proximité entre Jeudi Noir (page 84) et le Parti socialiste. Dans le premier cas, inédit dans un conflit social, la fonction des syndicats était implicitement remise en cause. Le risque de déstabilisation pour les appareils a provoqué chez eux de très sérieuses crispations. Dans le second, ce sont des méfiances qui se développent côté militants, inquiets d'une mainmise des politiques sur les luttes. Avec le risque que les collectifs se fissurent, se détournent de leur vocation première, et perdent de cette indépendance qui fait leur originalité et leur force.

Volte-face

Le déclin des idéologies n'est pas la fin des idéaux. Que les luttes se thématisent, se spécialisent, qu'elles se disséminent en un faisceau d'actions restreintes ne signifie pas pour autant qu'elles sont déconnectées d'un modèle global de société idéale. Au contraire. Ce modèle subsiste toujours en arrière-plan de la pensée collective, comme un canevas conceptuel propre à guider l'action. Mais il n'est plus l'objet propre de l'action. Il n'est plus cet « universel abstrait » qui nous dépassait et pour lequel on s'engageait autrefois : une théorie, un parti, une révolution. L'objectif n'est plus ici de prendre le pouvoir ou de changer fondamentalement sa nature. Il est de créer des zones de contre-pouvoir pour forcer le pouvoir à changer de politique. Car, comme le souligne Miguel Benasayag, cet « universel abstrait » a montré qu'en s'opposant au réel, nécessairement multiple, il pouvait vite dégénérer dans la tyrannie, le crime et le totalitarisme.

L'objet de la lutte est donc devenu un « universel concret » inscrit dans une visée immédiate. L'idée prophétique d'un retournement total et irréversible s'étant rendue suspecte, c'est sur le réel qu'il faut peser. Ici et maintenant. Avec méthode et pragmatisme. Cette urgence et cette exigence de résultat découlent indéniablement de la transformation de notre représentation de l'avenir, une représentation désabusée où l'idée de risque est devenue centrale. Où l'on se bat d'abord pour conjurer des dangers imminents, ou pour interpeller les gouvernants sur les manquements à leur mission. L'utopie a donc renoncé à s'imposer. Néanmoins elle continue de dicter des projets, et ce faisant s'applique quand même, mais de manière différenciée. C'est en cela que la lutte est peut-être plus radicale. Et c'est ainsi que, par petites touches, zone après zone, les nouveaux militants dessinent leur cité idéale.

C'est ainsi que les militants disent « oui », qu'ils s'engagent dans des tentatives de débordement de la société en créant et en proposant. En même temps d'autres disent « non », ce « non » de l'homme révolté tel que décrit par Camus, de celui qui, invoquant une valeur dont il a le sentiment qu'elle lui est commune avec tous les hommes, affirme implicitement l'existence d'une limite à ne pas dépasser, une frontière au-delà de laquelle l'autre qui étend son droit rencontre un autre droit qui lui fait face et le limite. À travers l'accumulation de leurs actions, qui sont autant de « non » répétés et mis en scène, les collectifs d'aujourd'hui mettent tour à tour en évidence les stigmates d'un monde en dégénérescence, des périls et des maux qui, sans eux, resteraient souvent invisibles ou indifférents aux yeux du grand nombre. Ils dressent le portrait d'un monde trop pollué, trop surveillé, bridé et aseptisé, ultra-technicisé, à la fois matérialiste et dématérialisé... Un monde qui, voilé derrière son alibi démocratique, est de plus en plus oppressif et sécuritaire. Un monde en voie de paupérisation et de désocialisation, où les intérêts immédiats de quelques-uns, postés aux sources du pouvoir et de l'argent, priment sur la vie des autres. Tous dénoncent ce fascisme doux, cette barbarie latente, ce cauchemar climatisé vers lesquels les sociétés occidentales, lentement, ont commencé à glisser.

Mais en définitive, de cette critique du monde, des résistances qui s'exercent, c'est toujours un nouveau modèle social qui, sans être nommé, se dégage en creux. Ce sont de nouvelles éthiques qui émergent, et qui finissent par s'infiltrer dans les fissures de la société et forger nos convictions de ce qu'est vivre bien. En ce sens, la militance d'aujourd'hui porte en elle les germes de la société de demain.

« *Qu'est-ce qu'un homme révolté ?* demande Camus. *Un homme qui dit non. Mais s'il refuse il ne renonce pas. C'est aussi un homme qui dit oui dès son premier mouvement. À partir du moment où il parle, même en disant non, il désire et juge. Le révolté, au sens étymologique, fait volte-face.* ».

En route vers la joie

Comme le font les activistes eux-mêmes, nous mettrons en avant non pas le « oui », non pas le « non », mais les formes par lesquelles ils s'expriment. Car ce sont ces formes qui, délibérément, nous sautent aux yeux. Elles constituent la matière nouvelle de l'engagement militant. Et s'élaborent toujours en relation avec leur objectif ultime : accéder *in fine* à la dénonciation et à la résolution d'un problème de fond. Le fond est donc toujours contenu dans la modalité de l'action, de même qu'il va servir de jalon tout au long de cette exploration des réseaux activistes.

Cette inclusion salutaire a permis aux collectifs des années 2000 de réduire le hiatus, handicap à tant de luttes, entre pratique et théorie. Mais surtout, par la prime donnée à l'action, le militantisme a pu redevenir ce foyer désirant indispensable à la santé de toute société, fonction par laquelle les individus vont aller chercher partage, énergie collective et utilité sociale. Il renoue avec sa dimension spinoziste, où la joie consiste à être dans le devenir, dans la praxis. Avec l'héritage situationniste, où la contestation de l'aliénation marchande passe par la réappropriation du réel et l'action poétique. Il offre l'occasion de vivre dans l'engagement de nouvelles expériences sensorielles. Les agitateurs nouvelle génération étaient devenus réticents à rejoindre les organisations, à se soumettre à leur autorité. Ils ont aujourd'hui trouvé à créer leurs propres foyers d'affinités. Et ils y apportent audace, vitalité, mouvement, liberté, humour. Quoi de plus réjouissant dans une société tentée par l'uniformité, le conformisme, l'immobilisme, la frilosité du verbe, le rabougrissement de la pensée et l'atonie émotionnelle ? ■

La droite est dans la rue !

Aux cris de « *CAC 40, CAC 40, ouaih ! ouaih !* », « *Plus de banques, moins de saltimbanques !* » ou « *TF1 sur toutes les chaînes !* », ils défilent bien sagement, les hommes devant, les femmes derrière, toujours sur le trottoir de droite, traversent aux passages piétons. Et s'ils viennent à passer devant un beau spécimen d'automobile, ils s'arrêtent pour scander en chœur un « *ça, c'est de la caisse !* » admiratif.

Ce modèle de manifestation absurde et décalée, dite Manif de droite, est apparu en 2003 au milieu de l'effervescence soulevée par les comédiens intermittents du spectacle. Il est devenu depuis un véritable concept, avec ses codes, ses slogans. Une mise en scène rodée, régulièrement reprise par différents groupes sur des thématiques variables (existe aussi en version manif anti-écolo).

Dans ces cortèges-là, pas de keffieh ni de mégaphone. Mais lavallière pour les messieurs, carré Hermès pour les dames, champagne pour tout le monde. Et c'est Sardou que l'on entend chanter dans les baffles. Sur leur passage, les habitants des beaux quartiers sont partagés entre perplexité et amusement, hésitent entre lard et cochon. Que penser de ces manifestants tirés à quatre épingles qui réclament plus d'argent, plus de sécurité et plus de biens matériels ? Sont-ils authentiques ou factices ? Qui se cache derrière ? Et, après tout, n'auraient-ils pas eux aussi le droit de formuler leurs revendications ? Totalement inaccoutumés dans un tel contexte de manifestation, les messages prennent alors un relief particulier, qui apporte du sens et de la réflexion sur la question sociale.

Avant de se disperser, la Manif de droite s'achève comme il se doit sur une splendide *Marseillaise*, que l'on entonne avec ferveur, le cœur sur la main. ■

La nouvelle galaxie militante

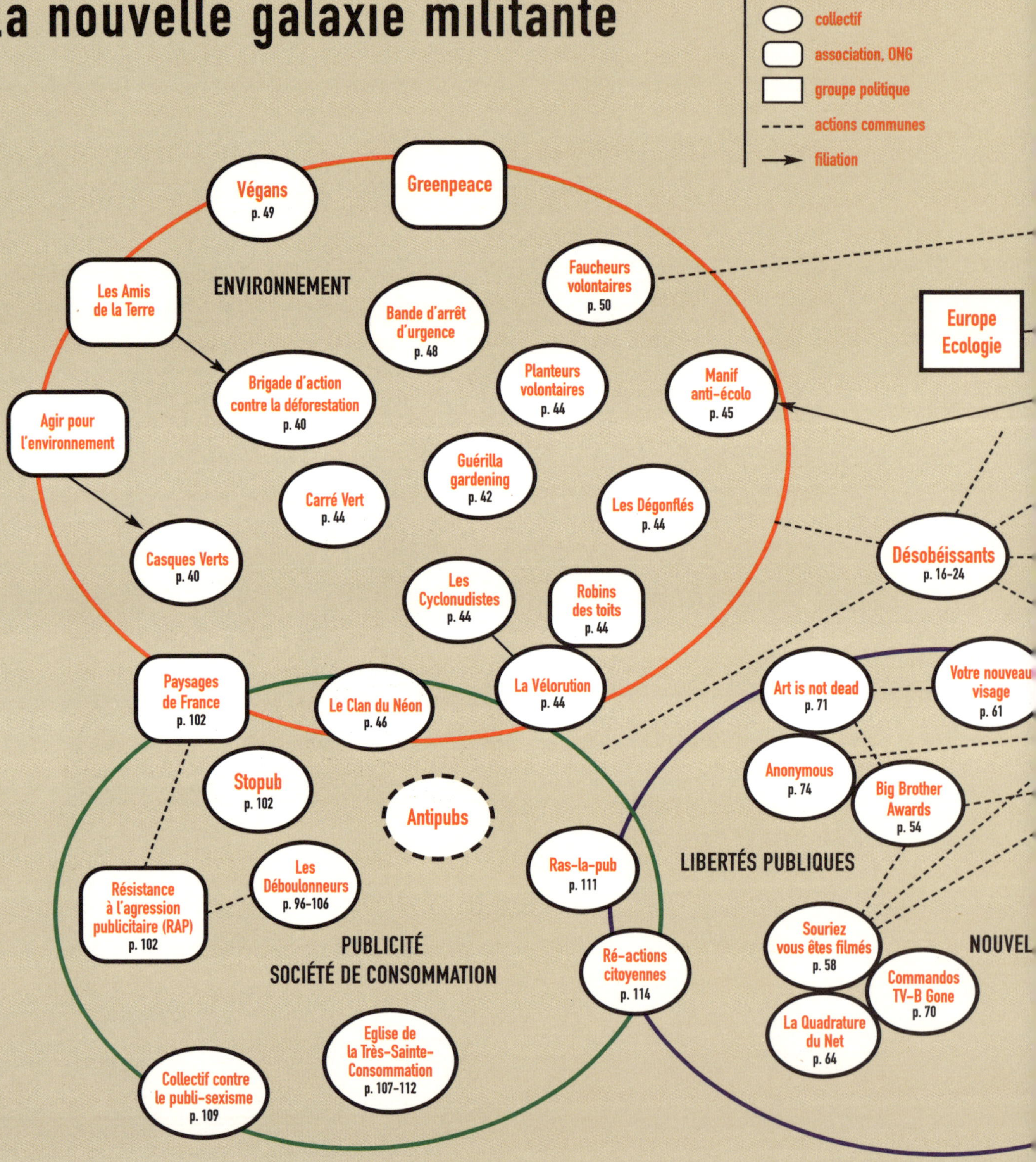

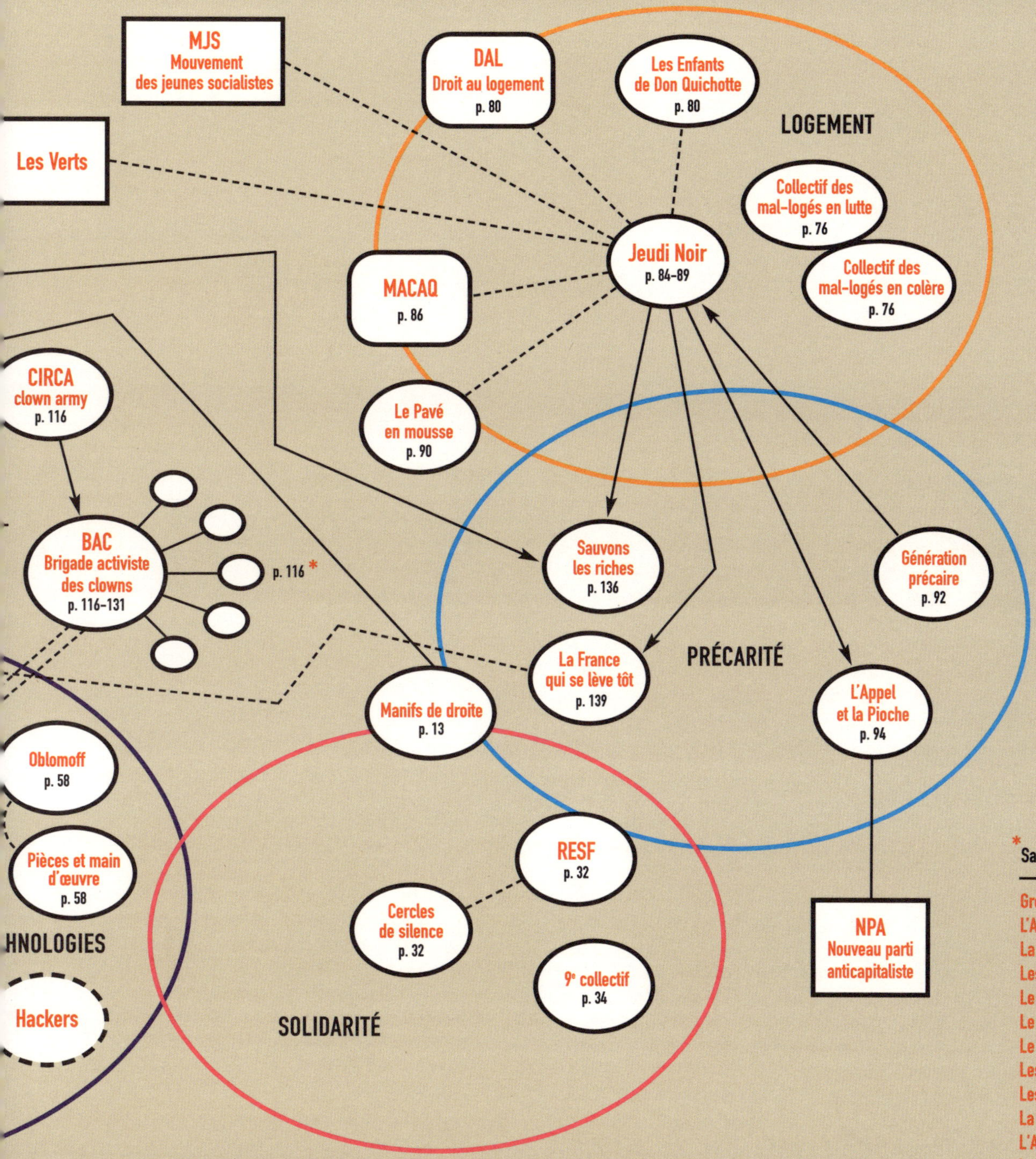

* Satellites de la BAC

Greenpitre
L'Art Nez Rouge
La CAC 40
Les CRS
Le GIGN
Le 73e BCA
Le CRI
Les CPE
Les RG
La BIC
L'Armée des 12 clowns
Le Brouhaha

À L'ÉCOLE DE LA DÉSOBÉISSANCE

Isolées, déstructurées, éclatées dans tous les sens, les velléités d'action ont plus que jamais besoin de cadres et de stimulations pour s'exprimer et valider des résultats tangibles. Cet éparpillement et ce sentiment d'impuissance sont le signe d'une époque, et le Manifeste des Désobéissants l'a largement pris en compte dans l'élaboration de sa stratégie dite « de convergence des luttes ». Depuis son lancement en 2006 par Xavier Renou, ce collectif s'emploie à mettre en relation les groupes et individus impatients d'agir, à les épauler lors de leurs interventions et à leur dispenser une formation, sans signer lui-même aucune action ni s'attacher à aucune cause en particulier. Il a ainsi mis en place un programme de stages itinérants grâce auquel, chaque week-end ou presque, des militants peuvent s'initier aux méthodes de l'action directe non-violente.

Dans certains cas, ces stages sont organisés à la demande expresse de groupes déjà constitués. Comme ces militants décroissants des Cévennes qui, après la destruction du hameau de la Picharlerie, firent appel aux Désobéissants pour apprendre à défendre leur lieu de vie en cas d'évacuation par la police. Dans d'autres, ils s'adressent à de simples citoyens en quête d'engagement. Exemple de Sébastien, inscrit à un week-end de formation au Mans, qui explique être venu y chercher « *un cadre, des méthodes et des rencontres pour créer du lien dans le département* ». Ambitionnant de bloquer le départ des 24 heures du Mans, il se dira prêt, à la fin du stage, à « *une action concrète à six ou sept personnes, avec un risque modéré* », sur un sujet qu'il connaît bien. Dominique souhaitera quant à elle « réinvestir les acquis du stage » dans ses activités syndicales et y proposer « *la mise en place d'une commission "action"* ». Annick, pour dire stop à la consommation à outrance, prévoit de célébrer l'enterrement du dimanche sur un parking de supermarché... Qu'ils soient enseignants, étudiants, retraités ou employés d'administration, tous les participants sont animés par la même volonté de peser sur l'évolution des réalités contemporaines, mais se heurtent au même constat d'inertie et d'impuissance des formes d'action traditionnelles.

Intervenant dans ce contexte de démobilisation générale, Xavier Renou et son équipe proposent à la fois une approche formelle, une base philosophique et une méthode pratique. Ce cadre à trois dimensions devient alors applicable à toutes les situations de lutte et à toutes les causes. Car la formule des Désobéissants n'est en rien une marque déposée. Chaque collectif peut s'en saisir et l'adapter selon ses opinions, ses aptitudes, ses envies. À l'image des modes d'appartenance qui caractérisent les collectifs actuels, où chacun est libre de sortir et entrer, de participer ou s'abstenir, chacun est ici libre de se positionner par rapport aux conditions d'exercice de la lutte. Dès lors qu'un consensus est établi sur la finalité de l'action, il suffit de trouver à chaque militant un rôle en accord avec ses idées et les risques qu'il est prêt à prendre, et l'action devient possible. Un tel schéma, par sa souplesse, son empirisme, lève les réticences qui souvent viennent enrayer les choix stratégiques. Il permet de laisser jouer au mieux le déclic des colères. Parce qu'il se distingue du modèle révolutionnaire marxiste, où praxis et théorie étaient intimement mêlées, il devient emblématique des luttes de notre temps.

Sébastien (à droite), enseignant, simule une évacuation par les forces de l'ordre
dans le cadre d'un jeu de rôles organisé par les Désobéissants (Le Mans, septembre 2008).

D'abord, soigner son image

En guise d'étude par l'exemple, la première matinée des stagiaires commence par une séance d'observation sur le terrain. Sitôt le café bu, le groupe quitte les baraquements associatifs des *Robins des bois* et s'engouffre dans le tram direction centre-ville. Ce jour-là, les enseignants du Mans ont agrafé des couches-culottes sur les grilles de la préfecture en réponse aux propos à l'emporte-pièce qu'un ministre vient de tenir sur l'école maternelle. L'opération, qui vise à dénoncer le démantèlement de l'école publique, se veut ludique, spectaculaire, impertinente, manifestement contaminée par les nouvelles pratiques militantes. Mais aux yeux des stagiaires, les manifestants ont encore des progrès à accomplir. « *On en a marre des manifs comme celle-ci*, enrage Dominique, *c'est à se demander si les directions syndicales ont vraiment envie de passer à autre chose.* » L'analyse qui s'impose au retour est sévère. Elle rappelle à

Xavier Renou, porte-parole des Désobéissants.

quel point la question de l'image est au centre des préoccupations : « *pas de composition visuelle intéressante* », « *manque de lisibilité en direction des passants* », « *vers qui le message est-il tourné ?* », « *pourquoi les médias sont-ils absents ?* ». Une fois encore, les enseignants auraient succombé à leur travers corporatiste, comme s'ils manifestaient « *entre eux, pour se donner bonne conscience* ».

Cette exigence en matière d'image et de rapport aux médias revient dès lors sans cesse au fil du stage. Des clés sont proposées pour élaborer des messages concis et pertinents, des mises en scène à la fois intelligibles et spectaculaires qui encouragent la prise d'images. On y apprend à rédiger un communiqué de presse, à bien choisir son porte-parole, à désigner celui qui fera office d'attaché de presse. La formation comporte même un atelier "médias" permettant de mieux comprendre les attentes et les contraintes des journalistes, et donc de s'adresser efficacement à eux. Quoique les journaux appartiennent le plus souvent aux adversaires de leurs causes, les militants ont autant besoin des journalistes que les journalistes ont besoin d'eux. Il faut donc leur mâcher le travail, proposer des accroches alléchantes, des amorces pour une interview, un reportage, des photos choc... et, en même temps, éviter de tomber dans leur logique qui se focalise sur les éléments croustillants au détriment des idées de fond.

Dans le cas où la presse n'aurait pas jugé utile de réagir à l'événement, il est aussi indispensable de prévoir ses propres images. Pour les lui proposer après coup ou les utiliser en interne. À l'aide parfois de simples caméras-cigares faciles à cacher dans un vêtement, de nombreux groupes militants ont désormais acquis le réflexe de toujours filmer leurs actions et de les mettre en ligne, assurant ainsi eux-mêmes leur couverture médiatique sur Internet.

Exercices et jeux de rôles

Outre cette approche sémantique par l'image, les stages des Désobéissants reposent sur des principes généraux qui, sans être explicitement formulés, sous-tendent l'action de nombreux collectifs militants actuels : action directe, non-violence et désobéissance civile. Le premier principe implique que les militants interviennent au cœur même de la situation qui fait l'objet de la dénonciation, et qu'ils y aillent eux-mêmes, sans recourir au modèle de la délégation. Le deuxième exclut toute atteinte à la dignité par l'injure ou

Dans un squat parisien du VIIIe arrondissement, des militants suivent une série de cours théoriques pour parer à une menace d'expulsion (Paris, mai 2008).

Les Désobéissants viennent prêter main forte au comité de soutien à l'ancienne brigadiste italienne Marina Petrella, lors d'une action symbolique devant le Conseil d'Etat (Paris, juillet 2008).

Le Mans,
septembre 2008.

le coup. Il confère à l'action directe une supériorité morale qui la rend aux yeux du monde plus acceptable et donc plus efficace que la lutte armée. Le troisième principe fait référence à une tradition ancienne qui, d'Antigone à Gandhi en passant par Thoreau, légitime le non respect de lois injustes dès lors qu'un intérêt collectif supérieur le justifie.

Ces préceptes se retrouvent en arrière-plan d'une série d'exercices et de jeux que Xavier Renou propose en début de stage. Face à une hypothèse d'action donnée (arracher des OGM, s'opposer à l'arrestation de sans-papiers...), les stagiaires doivent se positionner physiquement par rapport à deux axes, « violent / non-violent » et « je ferais / je ne ferais pas », matérialisés par des chaises dans un champ. L'exercice est prétexte à engager une réflexion de fond sur les enjeux de la lutte, sur sa légalité, sa légitimité et son utilité. Il permet de vérifier les divergences d'analyse selon les sujets envisagés et montre combien la notion de violence est subjective et variable d'un individu ou d'une situation à l'autre : décision d'action et appréciation de non-violence ne sont pas systématiquement corrélées. Il suggère au final la nécessité d'opérer dans la progressivité, ne pas aller immédiatement au plus radical, afin d'être le plus pédagogue possible. Mais surtout, il rappelle l'exigence pour le groupe de toujours se poser la question de la perception de la violence avant chaque passage à l'acte, et d'accepter qu'il y ait un droit de retrait. Car le sentiment de peur chez un seul participant peut suffire à faire échouer une opération.

Le choix de la non-violence consiste aussi, au-delà du choix du mode d'action, à réduire le risque de violence de l'adversaire. Il implique donc une maîtrise de soi et une empathie envers autrui qu'aident à incarner les jeux de rôles proposés au cours du stage. Des scénarios imaginaires sont mis en scène. Ils opposent par exemple des faucheurs volontaires aux forces de l'ordre, des militants écologistes aux employés d'une usine chimique... La confrontation entre les deux camps donne lieu à des joutes verbales et des empoignades non simulées, où les uns finissent par traîner les autres par les pieds, par les bras, au milieu de l'herbe et des rires à peine contenus. Les stagiaires expérimentent ainsi, souvent pour la première fois, des situations de contact direct avec un adversaire. Ils peuvent se mettre en position de tester leurs limites, mais aussi de tester les réactions de cet adversaire et de comprendre son point de vue et ses motivations. De ces exercices découlent les consignes à adopter afin d'échapper à l'engrenage de la violence, et donc assurer le succès de l'action : créer les conditions du dialogue afin de se mettre en empathie avec l'adversaire ; dissocier en lui la personne humaine de la fonction qu'il représente; éviter de franchir les limites de son cercle intime, à l'intérieur duquel toute présence devient une menace ; *a fortiori* éviter tout contact physique ; sourire, rester calme, ne pas céder à la tentation de se défouler comme dans une manifestation classique. L'enjeu est ici de bannir toute situation de stress qui pourrait dégénérer d'un côté ou de l'autre, comme ce fut le cas en avril 2008, côté forces de l'ordre, lors des manifestations pacifistes pro-tibétaines qui avaient accueilli le passage de la flamme olympique à Paris.

Exercice d'entraînement à la technique du poids mort.
Le Mans, septembre 2008.

D'accord

Traduction SVP

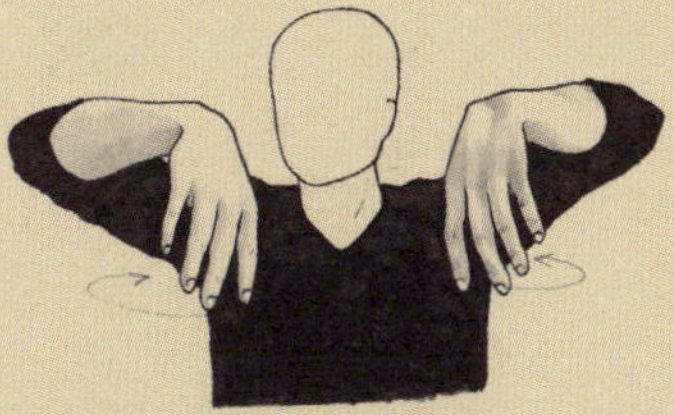

Pas d'accord

La communication non-violente

Le principe de la non-violence s'applique aussi à l'intérieur du groupe. Il en découle un ensemble de codes silencieux et de règles tacites dans la pratique de la communication : les réunions se font assis en cercle, la parole se prend à main levée, chacun s'exprime depuis le même niveau, l'approbation se manifeste en agitant les mains vers le haut, le désaccord en les agitant vers le bas, le veto en levant le poing... Ce mode de communication rend l'échange plus fluide et plus égalitaire, ce qui permet de dépasser les effets de domination et d'éviter l'émergence de leaders positifs ou négatifs. Il est aussi facteur d'une plus grande efficacité dans la prise de décision en épargnant au groupe les bavardages inutiles.

Je ne comprends pas

Je m'oppose

Prise de parole express

Interruption de débat

Proposition

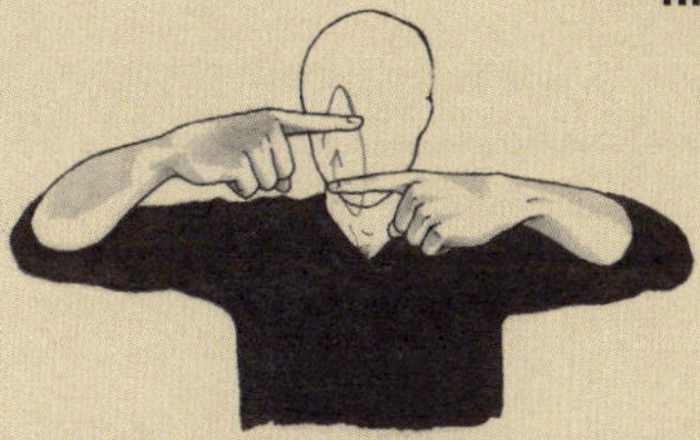

Tu te répètes

Strasbourg, avril 2009. Des militants pacifistes venus perturber le sommet de l'OTAN sont délogés par les forces de l'ordre. En bas : mise en pratique de la technique de la tortue (voir page 26).

Le passage à l'acte

« *Être activiste, c'est aussi intellectualiser,* estime Aïda, cadre dans le secteur médico-social et militante à ses heures. *C'est une réelle réflexion et une réelle stratégie. Il ne s'agit pas d'aller devant un supermarché et de faire les fous.* » Pour ludiques et spontanés qu'ils paraissent, les exploits des nouveaux collectifs n'en sont pas moins le résultat de stratégies minutieusement élaborées, planifiées à l'avance avec une distribution rigoureuse des rôles et une organisation réfléchie des étapes. C'est en tout cas ce que Xavier Renou recommande dans ses stages. Stylo feutre en main, à la manière de l'universitaire qui remplit son tableau de concepts et de formules foisonnantes, il expose son « analyse stratégique » de l'action avec une rationalité toute scientifique. Élaborer un scénario et son plan B, recruter en toute confidentialité, prendre les contacts avec la presse et la police, harmoniser les discours, prévoir budgets, transports, casse-croûtes, météo..., chacun des éléments de la présentation semble relever de l'anecdotique ou de l'évidence. Mais, pris dans leur globalité, ils constituent un mode d'emploi imparable, une feuille de route sans faille supposée garantir l'action contre tout épilogue au poste de police – à moins que les militants ne l'aient décidé eux-mêmes – ou dans la corbeille des rédactions.

Puis, après la théorie, vient la mise en application. Les stagiaires se retrouvent dans la dernière ligne droite du week-end pour un exercice grandeur nature. On imagine une situation de crise hypothétique, mais néanmoins réaliste : des travailleurs sociaux auraient décidé de bloquer la démolition de leur lieu de travail à la place duquel doit éclore un centre de détention pour mineurs. Conformément aux enseignements tirés de la journée, on met en place un plan d'action. On rédige discours et banderoles. On distribue les rôles, les casques, képis, arm-locks (page 27), menottes et gilets fluorescents. L'un jouera le préfet, les autres seront journaliste, policier ou chef de chantier. Des barricades s'échafaudent, les vrais-faux activistes s'y arriment, et lorsque tout est prêt, l'assaut des forces de l'ordre peut être lancé.

La résistance doit durer dans le temps et la forme nécessaires pour que le message passe. Après quoi les militants échoueront dans un commissariat improvisé au beau milieu de la prairie, pour un magistral exercice d'initiation au contrôle d'identité et à la garde à vue. Xavier Renou, en flic modèle, y cuisine les stagiaires jusque dans leurs derniers retranchements, mettant en évidence leurs contradictions et les implications de chacun de leurs dires. Infraction à la législation sur la liberté du travail, dégradation de biens privés en réunion, violation de domicile privé : ils risquent théoriquement 5 ans fermes et 45 000 euros d'amende. À ce stade-là du processus de contestation, les activistes stagiaires accèdent à une nouvelle réalité, où la sécurité et la légitimation par le groupe ne jouent plus à plein, où l'individu qui était sorti d'un système pour le dénoncer se retrouve soudain seul face à ce même système. « *Ça donne à réfléchir* », soupire un participant.

Barricade érigée dans un squat pour un exercice de simulation d'expulsion. Paris, mai 2008.

Militer autrement

Ni camp d'entraînement, ni séminaire d'endoctrinement, les stages des Désobéissants répondent donc aux attentes d'un public militant soucieux à la fois de son engagement et de son individualité. Ils se bornent à proposer des solutions très pragmatiques, un guide pour l'action qui respecte les opinions et les conceptions que chacun a de la lutte. Ils laissent la part belle aux notions de plaisir et d'imagination. Ils se refusent d'être prescripteurs, y compris dans la définition des limites acceptables de l'illégalité, où, plutôt que d'imposer des critères et des règles, ils préfèrent amener les stagiaires à se poser les bonnes questions : est-ce que l'action comporte des risques juridiques et comment je m'y prépare ? Est-il utile au stade de ma lutte d'enfreindre la loi et, si oui, dans quelle mesure ? En ce sens, ce type de formation rejoint pleinement la vision nouvelle de la militance qui conjugue épanouissement collectif et épanouissement personnel. « *J'ai peur de me perdre dans le militantisme. J'ai peur de m'investir dans une cause et de m'oublier en tant qu'individu. Je n'ai pas besoin d'un groupe pour assumer mes actes.* » Ces propos, entendus au Mans dans la bouche d'Aïda, expriment bien l'état d'esprit à l'œuvre dans les cercles militants des années 2000.

Xavier Renou et ses stages ont acquis, grâce à ces singularités, une part non négligeable de reconnaissance et de sympathie, dans le monde militant mais aussi médiatique, voire politique et même policier. Associés à trop de luttes à la fois, assimilables à aucune en particulier, ils échappent aux classements idéologiques qui pourraient les ranger du côté des *alters* ou de l'ultragauche. Ils ne prônent à aucun moment l'affrontement direct et systématique avec l'État, le capitalisme ou leurs représentants, ne défendent le recours à aucune méthode criminelle, sont trop peu marqués par le goût de la clandestinité pour être suspects de terrorisme. Et, finalement, bien trop friands de médias pour échapper à l'estampille de la société dominante. Du côté des autorités, ils intriguent peut-être davantage qu'ils ne suscitent de méfiance. Certains leur envient même une certaine expertise. Cette ambivalence, par laquelle Xavier Renou se place à la fois hors système et dans le système, fait partie intégrante de sa stratégie.

Ce qui ne l'exempte en rien de la surveillance de l'État. Dans le climat sécuritaire de l'après-11-Septembre et du sarkozisme triomphant, les autorités préfèrent garder à l'œil tout foyer potentiel de contestation. C'est ainsi qu'une caméra a un jour été retrouvée lors d'un stage en Bretagne, placée par les renseignements militaires. Plainte a ensuite été déposée devant la gendarmerie par le maire de la commune concernée.

Et pourtant, quoiqu'ils flirtent en permanence avec l'illégalité, les Désobéissants n'ont eu à essuyer qu'un seul procès sur une cinquantaine d'actions auxquelles ils se sont associés : celui intenté par Hubert Védrine, après une action où du faux sang lui fut versé sur le visage en pleine rue. Accusé par les activistes de complicité de génocide, cet ancien conseiller de François Mitterrand au moment de la guerre au Rwanda avait porté plainte contre Xavier Renou pour atteinte à son honneur, agression avec violence en réunion, diffusion d'images de violence sur Internet et dégradation d'un bien (son costume). Même la perturbation des essais de missiles balistiques M51 n'a pas connu de prolongement judiciaire. En 2006, au centre d'essais de Biscarosse, une inspection citoyenne désobéissante avait pourtant réussi à retarder de vingt minutes le premier tir de cette nouvelle classe de missiles nucléaires, moins meurtriers, mais dont l'emploi, devenu dès lors plus acceptable, infléchit dans un sens inquiétant la doctrine nucléaire française. Les Désobéissants, formés entre-temps à l'activisme, parviendront l'année suivante à retarder le tir pendant 48 heures, malgré une débauche sans précédent de moyens militaires et policiers pour les en empêcher.

C'était là le premier fait d'armes du collectif. Xavier Renou l'avait précisément créé après sa démission de Greenpeace, jugée trop timorée sur cette question des M51. Les conditions de la naissance des Désobéissants illustrent donc bien la rupture d'avec l'ancien système militant. Dès lors que celui-ci s'institutionnalise, s'imprègne des méthodes de l'entreprise et réoriente ses priorités vers les salaires, les carrières, le marketing et les campagnes rentables, il est appelé à perdre de sa crédibilité.

Le modèle "désobéissant" propose aussi une garantie d'efficacité qui séduit de nombreux militants échaudés par l'échec des anciennes luttes. Face aux déceptions amères qui ont soldé les grandes révolutions ou, plus diffuses, les expériences quotidiennes de contestation, on se prend à rêver d'un dispositif providentiel chargé de promesses, en phase avec le réel et à la mécanique implacable. Il permettrait enfin de naviguer entre deux écueils bien connus : celui de la dispersion stérile, du papillonnage furtif et superficiel (analyse d'une stagiaire : « *il faut avancer au lieu de parloter, mais avancer par des actions successives qui aboutissent à quelque chose, et non pas en allant dans tous les réseaux à la fois* ») ; celui du radicalisme étroit, qui se noie dans le siphon permanent de ses propres contradictions (analyse de Xavier Renou : « *il faut éviter la dérive gauchiste où l'on va passer des heures à discuter autour d'une virgule dans un texte de Bakounine* »). De ce point de vue, le souci pour les Désobéissants est de se préserver de cette terrible maladie qui a vu s'effondrer des pans entiers de militantisme dans les années 1980 : la dérive bureaucratique. ■

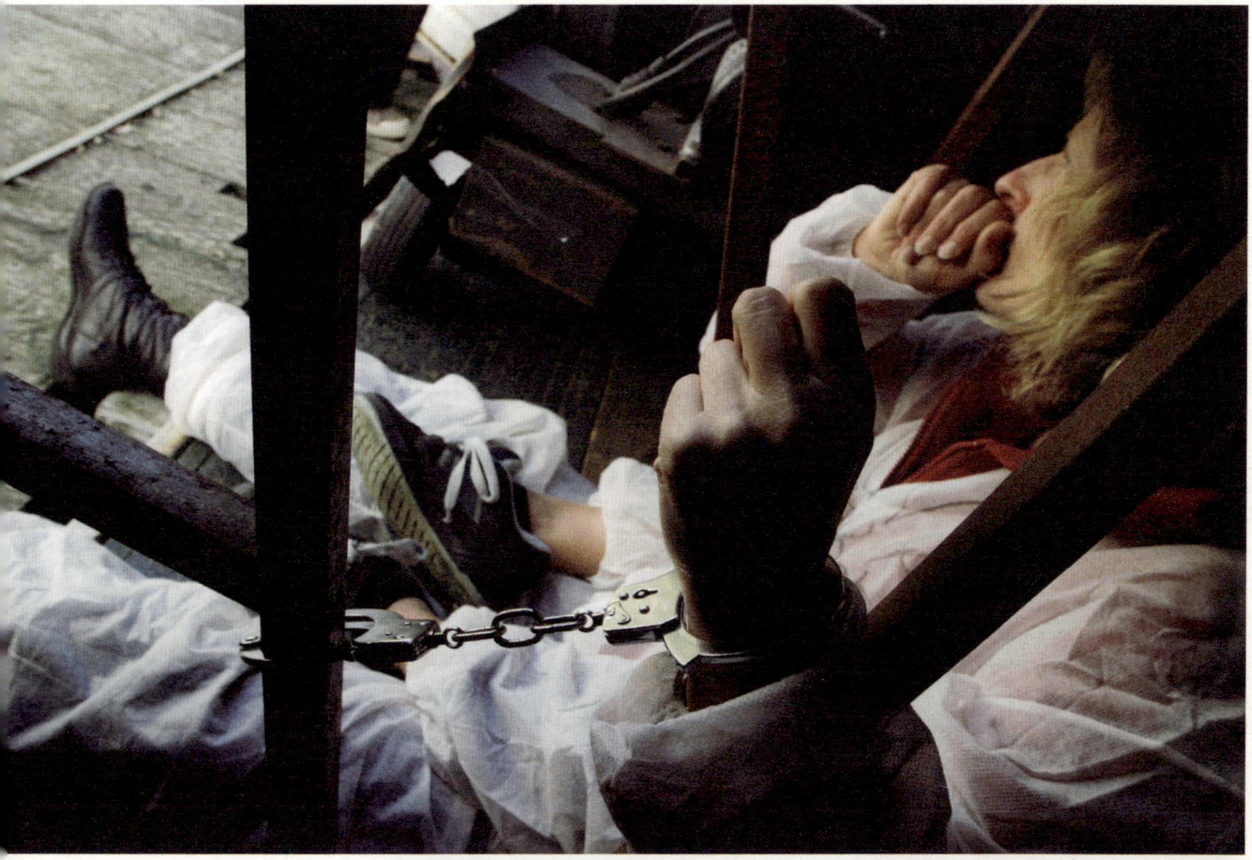

Jeux de rôles grandeur nature.
Des stagiaires désobéissants apprennent
à s'enchaîner avec menottes et arm-lock
(Le Mans, septembre 2008. Paris, mai 2008).

Techniques de blocage et de résistance

Ou comment durer face aux forces de l'ordre sans prêter le flanc à des accusations de violence.

Avec le corps

Le poids mort

Parce que la police est tenue théoriquement de ne pas blesser les militants qu'elle évacue, la meilleure façon de lui résister est de se laisser tomber, de se faire le plus lourd, le plus mou, le plus glissant possible, sans utiliser ses muscles. Il faudra alors que les forces de l'ordre s'y prennent à quatre pour porter une personne.

La tortue

Véritable boule humaine impossible à déloger, cette formation consiste pour cinq ou six activistes à s'asseoir en cercle, la jambe droite par-dessous la jambe gauche du voisin, mains et pieds inaccessibles, les têtes baissées vers le centre comme une carapace. Prévoir un code pour indiquer quand quelqu'un veut sortir.

Le petit train

Les activistes sont enchaînés les uns derrière les autres, par les bras et par les jambes. La technique permet aussi de faire barrage à un accès.

L'étoile

Quatre à six personnes sont couchées à plat ventre, reliées par les bras, têtes dirigées vers un même point. L'intérêt est ici plutôt visuel, pour les photos en plongée.

Avec outils

Les menottes

Pour s'attacher à un véhicule, une grille ou tout autre accès à bloquer ou à protéger. L'objet, déjà connoté, offre une belle image symbolique, qui durera au moins le temps que la police aille chercher sa pince-monseigneur.

Le neck-lock

Les militants sont attachés par le cou, renforçant la dimension de vulnérabilité et d'oppression. Simple anti-vol de moto en « U », le neck-lock fait prendre à l'action une durée et un tour assez spectaculaires, dans la mesure où la police va devoir utiliser une meuleuse pour débloquer la situation, sans endommager le cou des activistes.

L'arm-lock

De fabrication artisanale, l'arm-lock est un tube de métal de chaque côté duquel deux personnes introduisent chacun un bras. Elles s'attachent les mains à l'intérieur sur un axe à l'aide de lanières ou de mousquetons. La police est obligée de scier l'objet avec le risque de blesser. Pour accentuer l'impact visuel de l'opération de découpage, le tube peut être renforcé par une couche de limaille de fer. Il peut aussi être utilisé pour écrire des slogans.

Plan d'action

La méthode idéale pour ne rien oublier quand on prépare une action

Étapes	Contenu
1. L'idée originale	Efficace, pertinente, réaliste, elle tient compte des points faibles de l'adversaire.
2. Le repérage	Vérifier l'accessibilité du lieu en termes d'horaires et de topographie, repérer les dispositifs de surveillance, dessiner un plan.
3. Le scénario	Prévoir les rebondissements possibles, les solutions de repli, le plan B.
4. Le casting	Si plusieurs réseaux sont mis à contribution, veiller à la confidentialité dans les contacts.
5. Le matériel	Lister et rassembler les outils de blocage, les banderoles, les véhicules…
6. La communication	Prévoir les images et documents à utiliser en interne (comme outil de travail) et auprès du public et des autorités.
7. Le budget	Frais de transport, de nourriture, de confection du matériel… Les actions nécessitent en général peu de moyens.
8. Le briefing	A la fois technique (récapituler le scénario et les rôles), juridique (évaluer les risques et consulter un avocat, idéalement militant) et politique (harmoniser les discours à tenir).
9. L'action	
10. Le débriefing	Bilan de l'action, célébration festive, consolidation des liens dans le groupe, communication à venir, perspectives.

Les acteurs	Les rôles
Les activistes	Ils participent physiquement à l'action. Les rôles sont distribués selon les capacités, les craintes et les intérêts de chacun.
Le contact presse	Il connaît personnellement les journalistes et les prévient à l'avance.
Le porte-parole	Spécialiste du dossier, il parle à la presse au nom du groupe. Une relation de confiance est nécessaire pour éviter les enjeux de pouvoir.
Le contact police	Il communique à la police certaines informations (effectifs, dangerosité et durée de l'action). Il négocie la fin de l'action avec elle.
Le médiateur (ou peace-keeper)	Il veille à la sécurité et réagit en cas de danger ou de menace de l'adversaire.
L'ange gardien	Il veille au confort moral et physique des activistes : vêtements, nourriture, santé, WC…
Le permanent téléphonique	Il assure de chez lui le suivi de l'action en cas d'intervention de la police. Il a le numéro de tous les activistes, qui ont tous le sien.

Au poste

Lors d'une manifestation, vous êtes embarqué au commissariat. Pour ne pas vous laisser déborder par l'appareil judiciaire, il est nécessaire de bien connaître vos droits.

Le contrôle d'identité (4 h maximum)

Si la police estime qu'il existe des raisons plausibles de vous soupçonner d'avoir commis ou tenté de commettre une infraction ou de porter atteinte à l'ordre public, elle peut vous conduire au poste pour un contrôle. Chercher à s'y soustraire est constitutif d'un délit de rébellion. Vous devez décliner votre état civil et votre profession (l'indication "salarié" suffit). Face à toute autre question, vous pouvez garder le silence, ce qui permet d'éviter les déclarations contradictoires.

La police n'a pas le droit d'effectuer de fouille à corps, seulement une palpation de sécurité (recherche d'objets à travers les vêtements). La prise d'empreintes et de photos n'est autorisée que si vous refusez de décliner votre identité.

Avant de signer le procès-verbal, il est important de bien le relire, éventuellement de le faire modifier ou ajouter vous-même des précisions manuscrites. Tout ce qui y sera consigné est susceptible de vous faire condamner ou de condamner d'autres personnes.

Remarque sur la liberté d'expression : le fait de porter un autocollant ou une banderole ne justifie pas un contrôle d'identité. Les forces de l'ordre n'ont pas le droit de vous les retirer, ni de confisquer du matériel photographique.

La garde à vue (24 ou 48 h à compter du début du contrôle d'identité)

À la suite du contrôle, la police décide soit de vous relâcher, soit de vous placer en garde à vue afin de vous interroger et vous empêcher de communiquer avec l'extérieur. Vous disposez alors de quatre droits :
– être informé de la nature de l'infraction qui vous est reprochée ;
– faire prévenir un proche (pendant les trois premières heures) ;
– vous faire examiner par un médecin (à tout moment) ;
– vous entretenir avec un avocat (dès la première heure). À ce stade de la procédure, l'avocat n'a pas accès au dossier mais va vérifier la régularité des conditions de votre interpellation.
Les fouilles à corps ne sont autorisées que pour rechercher des indices en rapport avec l'infraction.

À l'issue de la garde à vue, soit vous êtes relâché et éventuellement convoqué à un procès ultérieur, soit le Procureur décide d'une inculpation, ce qui donne lieu à un nouvel interrogatoire. Dans certains cas (dégradation, outrage, squat...), une comparution immédiate peut vous être proposée. Vous pouvez la refuser pour mieux préparer votre défense, avec le risque de rester en prison jusqu'au procès. Le maintien en détention préventive est toutefois très rare dans les affaires de non-violence.

Si vous êtes victime de violences policières

Les policiers n'ont pas le droit de vous faire subir de violences physiques ou morales (coups, humiliations, privation de repas...). Si vous avez été frappé, précipitez-vous à l'hôpital (urgences médico-judiciaires) et demandez un examen médical avec certificat. Vous pouvez porter plainte contre X ou, si vous avez noté son identité ou son matricule, contre l'officier en cause en saisissant le Tribunal de grande instance.

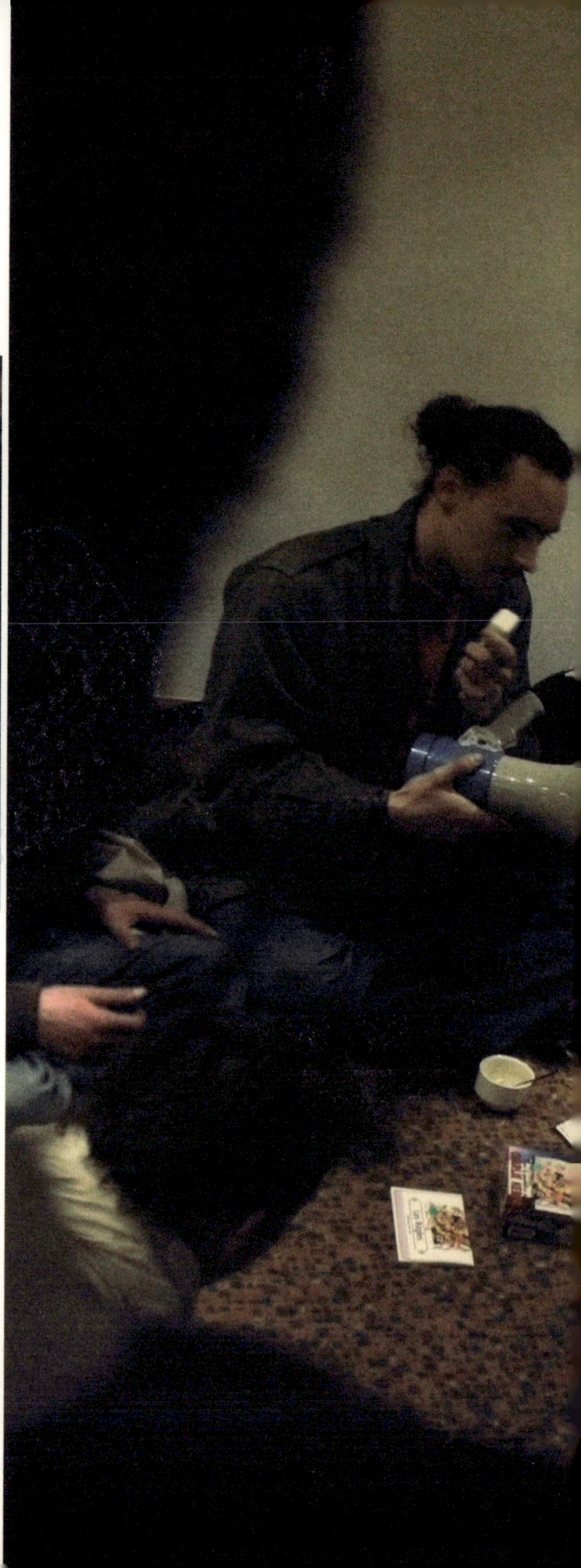

Rapprochement inédit entre le monde du travail et celui de la désobéissance civile. En février 2009, le collectif des Désobéissants propose ses services à des salariés en grève de l'entreprise Numéricable. Il les conseille sur les stratégies à adopter face à leur direction lors d'une rencontre au siège de la société à Champs-sur-Marne (à g.). Les militants investissent ensuite un hôtel de Noisy-le-Grand, où le comité d'entreprise s'est retrouvé en catimini. Associant le plaisir dans l'action et la symbolique dans l'image, ils décident d'engager une partie de cartes, sous l'œil agacé des vigiles qui protègent l'accès à la salle de réunion.

RESF

Urgence sans-papiers, les gestes qui sauvent

Ils sont les témoins directs de la politique répressive des gouvernements et des drames qu'elle génère. Ils sont enseignants, voisins, parents d'élèves. Ils connaissent tous une famille de sans-papiers que la police est un jour venue chercher pour l'expulser ou qui est sur le point de l'être. Alors, depuis 2004, ils se sont organisés en réseau, avec des comités dans tout le pays, reliés par email et téléphone mobile. Ils sont le Réseau éducation sans frontières.

L'enfermement d'enfants dans les centres de rétention, la criminalisation des citoyens qui les aident, les rafles au faciès et les visites domiciliaires, les violences policières dans les manifestations et les aéroports... tous sont révoltés contre les dérives de l'appareil d'État. Contre la tentation xénophobe qu'elles stimulent. Contre cette politique du chiffre qui fixe d'une année sur l'autre les objectifs à atteindre : 28 000 reconduites à la frontière, 5 500 interpellations d'« aidants », comme si des élus pouvaient s'arroger le droit de décider d'un nombre d'infractions dans le futur. Il y a dans ces mesures des atteintes manifestes à la dignité humaine et aux droits fondamentaux, notamment aux textes internationaux de protection des migrants et des enfants. En refusant de s'y plier, RESF a fait clairement le choix de la désobéissance civile.

Mais plutôt que d'adopter un positionnement politique sur la question de l'immigration, le réseau privilégie le cas par cas. En ce sens, il exerce aussi une action directe d'urgence, fondée sur l'interposition, la médiatisation et l'autonomie au niveau local. Et c'est cette approche au cas par cas qui explique son succès. Car la mobilisation est toujours plus forte quand il s'agit de personnes – surtout d'enfants – que quand il s'agit d'idées. « *L'opinion a longtemps pensé que les sans-papiers étaient des délinquants*, explique Agnès Verdurand, professeur de mathématiques et membre du collectif. *Mais le jour où l'on découvre que la victime, c'est la petite gamine du CP qui est si mignonne, cela devient d'un coup insupportable.* » Agnès parle ainsi avec beaucoup d'enthousiasme du « réseau » comme d'« *une grande réussite* », de son « *fonctionnement hors normes* » et de toutes ces personnes qu'elle a vu devenir militantes « *alors qu'elles n'auraient jamais rejoint une structure traditionnelle* ».

Concrètement, l'action pour ces militants va donc consister à monter des dossiers de demande d'asile, lancer des pétitions, assister les sans-papiers au tribunal ou à la préfecture, trouver des hébergements. Certains iront jusqu'à cacher chez eux des familles menacées d'expulsion. Et dès que la menace se fait imminente, composer les numéros d'urgence pour mettre en branle le réseau.

Mais la jungle administrative est obscure et pavée de pièges. C'est pourquoi l'un d'eux, Antony Jahn, a eu l'idée de créer des formations à l'intention des membres du réseau. « *Comme pour être secouriste, il faut avoir intégré les réflexes de première urgence* ». Comment distinguer un APRF d'une OQTF[1] ? Comment les contester ? Comment faire libérer une personne en garde à vue ? Selon une même démarche que les stages Désobéissants, les formations RESF sont indissociables du processus d'action directe. « *Les délais sont toujours très courts*, rappelle Antony Jahn, *il faut donc connaître la loi pour mieux s'en servir et ne pas être pris au dépourvu.* »

À mi-chemin entre le symbolique et l'empirique, RESF participe également aux parrainages républicains, par lesquels des citoyens s'engagent à protéger des sans-papiers et à agir en faveur de leur régularisation. Une cérémonie en mairie marque alors l'entrée du filleul et de sa famille dans la communauté républicaine. Ces parrainages ont permis d'éviter de nombreuses expulsions.

Enfin, et sur un plan encore plus symbolique, RESF s'est associé au mouvement des « cercles de silence ». Organisés

[1] Arrêté de reconduite à la frontière, Obligation de quitter le territoire français.

chaque mois dans une centaine de villes en France, ces rassemblements mutiques, empreints d'une puissante charge émotionnelle, entendent dénoncer les « traitements inhumains réservés aux migrants du seul fait qu'ils n'ont pas de papiers en règle ». Les premiers ont été formés à Toulouse à l'appel de religieux franciscains, rappelant que la désobéissance aux lois est aussi une valeur chrétienne dictée par la conscience. Pour saint Augustin en effet, « une loi injuste n'est pas une loi ». La présence dans ces cercles de nombreuses personnes âgées est également lourde de sens. « *Observez la moyenne d'âge,* souligne une participante, *ces gens ont presque tous connu la guerre et les lois de Vichy* ».

Par delà les chiffres et les lois, RESF a permis de toucher du doigt l'humanité. Et cette fonction-là est essentielle. Elle contribue non seulement à sauver des destinées, mais aussi à endiguer les dégâts sur les esprits d'une politique arbitraire bassement électoraliste. Richard Moyon, autre militant du collectif, a fait le constat d'une « *évolution des consciences* » que l'action du réseau à la fois reflète et nourrit. Ainsi, selon lui, « *la société française accepte son métissage bien mieux que les gouvernants ne le pensent.* » L'influence agirait même sur l'attitude de la puissance publique. « *Au début des expulsions, ils allaient chercher les enfants jusque dans les écoles,* observe ce professeur d'histoire. *Depuis, ils ont mis la pédale douce.* » ■

Anthony Jahn,
formateur bénévole
à RESF.

Retour de Taoufik
à l'aéroport d'Orly
(avril 2009).
Expulsé vers le Maroc
par le gouvernement
français, ce lycéen a pu
revenir en France grâce
à la mobilisation
des militants
et de ses professeurs.

Cercle de silence place du Palais-Royal. Paris, avril 2009.

Parrainage républicain à la mairie du Xe arrondissement.
Paris, mars 2007.

Farandole de soutien en faveur des sans-papiers organisée le long du canal de l'Ourcq par RESF, le 9e Collectif... Paris, mars 2007.

COMMANDOS ANTI-POLLUEURS

C'est un samedi presque ordinaire, chez le concessionnaire Renault de l'avenue des Champs-Élysées. Les badauds inspectent les carrosseries rutilantes qu'ils ne s'offriront probablement jamais. Les vigiles à l'air placide campent aux entrées. Un samedi matin ordinaire, dirait-on, à cette nuance près : dans l'ambiance moelleuse et colorée de ses salons, Renault Champs-Élysées reçoit en ce moment la visite d'un groupe de militants en pleine action. Chez ces jeunes gens à l'allure soignée, pas de calicot dégoulinant de peinture à la bombe, mais une pancarte type PLV qui se fond à s'y méprendre au décorum publicitaire du magasin. Pas de slogan rageur crachoté au mégaphone, mais une parole argumentée et ironique à la fois, calme mais déterminée. « *Le projet est de vendre chaque année 100 000 véhicules de ce modèle, ce qui, avec un rejet de 209 grammes de CO_2 par kilomètre parcouru, représente 300 000 tonnes d'émissions de CO_2 par an* ». Ces militants insolites sont venus remettre au constructeur automobile la « Palme d'or du dérèglement climatique » pour la sortie de son premier 4 x 4, le KOLEOS, rebaptisé pour l'événement CO_2LEOS. Et pour donner tout son poids à la cérémonie, la presse a été conviée.

« *Alors, personne pour recueillir la palme du plus grand pollueur ? On cherche un responsable parmi tous les irresponsables.* » Un homme finalement s'avance sur le tapis rouge déroulé façon Croisette sur le trottoir de l'avenue. Il saisit d'assez bonne grâce cette grotesque palme en plastique – car c'est bien d'une palme de plongeur qu'il s'agit. « *Nous voulons remercier Renault pour sa contribution à la raréfaction des terres habitables*, explique-t-on avec un humour certain. *Autant s'habituer déjà à la plongée sous-marine.* » Les photographes jouent des coudes et de l'index. Le directeur des lieux, contrairement aux récipiendaires des précédents palmarès, chez Volkswagen ou Mercedes, a bien voulu se prêter au jeu, et s'en justifie : « *il n'y a pas d'attaque, il n'y a pas de menace, il n'y a pas de destruction, donc il n'y a pas de raison que je n'accepte pas ce geste-là* ». Il promet même : « *J'essaye de bien mémoriser vos propos et les transmettrai à l'entreprise...* »

L'opération, conduite avec une déconcertante courtoisie, est de ce point de vue une réussite. Le scénario a pu se dérouler jusqu'à son terme, les médias étaient présents, le message est passé. On y retrouve la plupart des ingrédients qui font le succès du militantisme actuel : un propos simple et clair (les 4 x 4 sont de gros pollueurs, développer leur production est une aberration écologique), le choix d'une cible précise et emblématique (le célèbre constructeur français dans sa plus prestigieuse vitrine parisienne, même si le véhicule visé n'est en l'espèce qu'une goutte d'eau dans l'océan du dérèglement climatique), un traitement humoristique du sujet, si possible en phase avec l'actualité, comme angle d'attaque à offrir aux journalistes (nous sommes alors en plein festival de Cannes).

Unicité du message, donc, mais multiplicité des messagers. Le jury de ce festival inopiné est en effet composé d'un éventail d'associations aux sensibilités et aux stratégies parfois divergentes : des historiques de l'écologie comme Greenpeace et les Amis de la Terre, un jeune collectif informel et polyvalent comme les Désobéissants (issu d'ailleurs d'une dissidence de Greenpeace), mais aussi Réseau action climat, plus institutionnel, Agir pour l'environnement et ses campagnes citoyennes. Mais l'essentiel est là : la portée du message importe plus que le porteur du message. Parce que ce message est concret, parce que la forme de l'action est la garantie de son efficacité, chacun accepte de mettre de côté ses particularismes pour s'engager dans une dénonciation commune. En l'occurrence, celle des lobbies industriels qui, malgré la connaissance qu'ils ont désormais des urgences écologiques, continuent de faire prévaloir leurs intérêts commerciaux sur ceux de la planète.

Action du collectif citoyen Carré vert en février 2008.
Un tapis de 200 m² est déroulé au petit matin sur le boulevard périphérique parisien.

Une conscience émerge

Le domaine de l'écologie est probablement celui où les pratiques militantes sont les plus actives et les plus nourries. Car ces questions n'ont que très tardivement été prises en compte par le politique. De plus, leur ancrage dans la réalité physique se prête facilement à des manifestations à forte dimension visuelle et matérielle, dont l'efficacité peut être redoutable. Au XIXe siècle, plusieurs auteurs avaient déjà commencé à réfléchir sur l'impact destructif de l'homme sur son environnement, et à militer contre : Henry Thoreau, considéré comme le premier environnementaliste, Elisée Reclus, scientifique et militant anarchiste... Mais c'est dans les années 1960, aux États-Unis, que les préoccupations écologiques surgissent sur la scène publique, avec les mouvements anti-nucléaire ou les problèmes de pollution liés au DDT.

En France, le mouvement écologiste naît dans le sillage de Mai 68 et donne lieu aux premières actions ciblées, contre la construction d'une station de ski dans le parc de la Vanoise, contre les centrales nucléaires de Fessenheim et de Bugey, ou contre l'extension du camp militaire du Larzac, qui rassemblera des dizaines de milliers manifestants tout au long de la décennie 70. En 1977, la manifestation anti-nucléaire de Creys-Malville fait face à une répression brutale de la part des forces de l'ordre, et se solde par un mort et des dizaines de blessés. Parallèlement à ce militantisme de terrain, un courant écologiste fait son apparition sur la scène politique française, avec la première candidature à l'élection présidentielle d'un candidat se réclamant de l'écologie (René Dumont en 1974) et la création des premiers partis écologistes (le Mouvement d'écologie politique dans les années 1970, les Verts dans les années 1980).

Les années 1970 voient également apparaître de nouvelles formes de mobilisation, où les militants s'impliquent volontairement dans une confrontation avec l'adversaire. Au-delà de la provocation et du symbole, il s'agit de mettre fin à une situation préjudiciable pour l'environnement en exerçant une action directe, si nécessaire illégale, sur les éléments ou les personnes à l'origine du préjudice. Ce sont les interventions d'urgence, incarnées notamment par l'organisation Greenpeace, lorsque celle-ci affrète des navires pour s'interposer entre baleines et baleiniers.

Ainsi, entre un Greenpeace qui lance son *Rainbow Warrior* à l'assaut des essais nucléaires et le groupe de riverains qui manifeste contre la construction d'un incinérateur, entre les tenants de l'écologie profonde qui posent le principe de l'égalité homme-nature et les réformistes qui réclament une meilleure prise en compte de la qualité de vie dans les politiques locales, entre les discours enflammés d'un Chirac au sommet de la Terre et les militants qui occupent des chantiers d'autoroute, fauchent des OGM ou s'enchaînent à des arbres... tous les degrés de radicalité et toutes les formes d'action et de contestation ont été expérimentés depuis les années 1960, à l'intérieur d'une mouvance où se côtoient et se recoupent les options philosophiques les plus diverses.

Tous écolos ?

Mais depuis le tournant des années 2000, les thèmes liés à l'environnement se sont largement dilués dans le discours politique. Grâce à l'exposition dont ils ont bénéficié dans les médias, ils se sont infiltrés dans toutes les sphères de la société et influencent de plus en plus les individus dans leurs actes quotidiens. Il n'y a pas jusqu'aux entreprises qui ne les aient récupérés pour leurs besoins de communication.

En retour, les associations ont dû réaménager leur discours et leurs stratégies. Face à une classe politique plus ouverte sur ces sujets, face à une opinion publique déjà sensibilisée, elles privilégient désormais des propositions moins ambitieuses, mais plus réalistes, car susceptibles d'être acceptées et intégrées dans les comportements individuels et les politiques publiques. Comme dans les programmes des partis, on assiste donc à une dilution de la question écologique dans les agendas militants. Des collectifs comme les Désobéissants ou la Brigade des clowns activistes interviennent régulièrement sur des thématiques liées aux OGM, à la pollution ou au dérèglement climatique, alors qu'ils se sont constitués sur d'autres bases que le combat écologiste. Réciproquement, les associations traditionnelles de défense de l'environnement étendent leurs campagnes à des sujets plus larges, qui touchent aux modes de vie des citoyens-consommateurs (transport, alimentation, urbanisme...), mais aussi aux libertés publiques, au développement des pays du Sud, aux nouvelles technologies...

Toutes ces associations doivent également dénoncer les entreprises qui pratiquent le *green washing*, comme ces constructeurs automobiles qui, d'un côté, affichent du vert sur leur vitrine, et de l'autre, s'obstinent à fabriquer des véhicules polluants dans leurs ateliers.

« Ô toi automobile, toi qui fais de moi le *king* du macadam, grâce à toi les champs deviennent bitume ! Alléluia ! » (prière n°13, *Missel du Consommateur*, Église de la Très Sainte Consommation).

Remise de la Palme d'or du dérèglement climatique chez Renault.
Le Vert Yves Cochet s'est associé à l'action. Pour la sortie de son 4 x 4, le concessionnaire des Champs-Elysées a repeint ses murs en vert.

Le « GREENelle » de l'Environnement.
Rassemblement d'associations environnementales et anti-pub devant le ministère de l'Ecologie en octobre 2007.

En un demi-siècle d'écologisme, on est ainsi passé d'une conception dominante axée sur la protection de la nature à une vision plus globale où les questions de pollution, de modèle économique et de droits humains sont étroitement imbriquées, et où finalement c'est l'homme qui se retrouve au centre de la nature, et non plus à côté d'une nature vierge et intouchable, dont le rêve peut être aujourd'hui oublié.

Cette position est aujourd'hui pleinement exprimée dans un discours comme celui des Amis de la Terre, qui se définit clairement comme une « association de protection de l'Homme et de l'environnement », et qui défend le principe d'indivisibilité des rapports sociaux et environnementaux. « *Les écolos ne sont pas seulement les protecteurs des petits oiseaux* », précise Sylvain Angerand, 28 ans. Sur la déforestation, dossier dont il est en charge au sein de l'association, il rappelle ainsi que, dans la chaîne des causalités, l'homme est certes en position de responsable – « *le problème est lié à la surconsommation ; il faudrait consommer moins de viande, moins de papier, s'approvisionner en bois local, prendre uniquement ce que la forêt nous donne* » – mais il en est aussi l'ultime victime : « *Le corollaire de la déforestation, c'est la corruption, la mauvaise gouvernance, des arbres vitaux pour la population comme le moabi qui disparaissent, des pistes ouvertes qui entraînent l'arrivée des chasseurs, c'est une forêt qui devient silencieuse... c'est une réaction en cascade où l'on tue lentement l'écosystème. Et une fois la forêt vidée de ses bois précieux, elle est rasée pour mettre autre chose à la place. En Indonésie, la déforestation est allée tellement loin qu'il ne reste plus que quelques lambeaux de forêt, et la seule solution qu'on propose c'est de mettre des gardes armés autour des parcs nationaux. Les politiques de protection peuvent aussi entraîner de graves dégâts. Il faut que la gestion de la forêt revienne aux communautés.* »

Au bilan, l'offensive militante est peut-être moins radicale, mais elle se fait tous azimuts.

Droit d'ingérence environnementale

Oui mais alors, dans ce grouillement médiatique continu, comment se faire entendre ? Pour Sylvain Angerand, « *il y a des clés pour interpeller l'opinion. Notre message est très complexe, avec plein de déclinaisons, et il n'est pas perceptible tel quel par le public. Mais quand on leur parle de bois illégal, d'orangs-outans, d'Amazonie, les gens ouvrent les yeux. Les médias veulent des choses fortes, sexy, ça fait partie des règles du jeu, et ça nous offre une tribune.* » Voilà comment une association comme les Amis de la Terre, pionnière de l'écologie qui compte des milliers d'adhérents dans 72 pays du monde, et qui en France a vu sortir de ses rangs des personnalités comme René Dumont ou Brice Lalonde, s'est mise à emprunter ses modes d'action au militantisme nouvelle école. À côté de ses campagnes classiques, de ses pétitions, dépliants, enquêtes et autres réunions publiques, elle a lancé une série d'opérations symboliques à travers un groupe informel, émanation de certains de ses membres, la BAD, Brigade d'action contre la déforestation. On a vu la BAD à l'œuvre dans le port de Nantes, où douze activistes se sont introduits chez un importateur de bois présumé illégal pour le verbaliser et y apposer des scellés factices. On l'a vue sur la butte Montmartre, sous la Tour Eiffel, à la bibliothèque François-Mitterrand, planter nuitamment et illégalement des arbres. On la retrouve dans les magasins de meubles de banlieue, où des brigadiers en uniforme dressent des PV sur les articles dans les rayons, cochant l'infraction dont ils se rendent coupables, tandis que d'autres sensibilisent la clientèle aux conséquences de leurs achats.

Par ces initiatives, les Amis de la Terre veulent dénoncer le vide juridique qui entoure le commerce du bois illégal et réclament des lois aux niveaux européen et français. « *La BAD est née du besoin de structurer notre campagne sur la déforestation pour la rendre plus visible,* continue Sylvain Angerand. *Nous nous refusons de travailler comme le WWF en partenariat avec les entreprises. Nous serions plus proches de Greenpeace, mais leur mode d'action est trop agressif. Nous avons donc réfléchi à un mode de communication plus humoristique. On peut avoir une vision radicale, mais il ne faut pas que, par les actions, on braque les gens.* » Là réside tout la question de l'acceptabilité sociale de l'acte de contestation, seule condition, selon le jeune militant, pour que « *l'opinion publique arrive au degré de maturité qui la mettra dans la roue du changement* ».

Autre organisation écologiste à avoir tenté des incursions du côté du nouveau militantisme : Agir pour l'environnement, qui a lancé le concept des Casques verts, sur le modèle des Casques bleus onusiens. Le projet de départ était de créer une véritable force internationale d'interposition entre l'environnement et les pollueurs, capable de faire contrepoids aux décisions de l'OMC. Placée sous l'égide de l'ONU, elle aurait été dotée d'un réel pouvoir de sanction et la contribution des États y aurait été pérenne et obligatoire,

La Brigade d'action contre la déforestation (BAD) procède à la saisie symbolique d'un stock de bois issu du pillage des forêts camerounaises (Nantes, mai 2008).

Action anti-4 x 4
des Casques verts
devant une vitrine
Peugeot.
Paris, mai 2008.

Plantation sauvage
de graines de tournesol
sur les plates-bandes
d'un boulevard parisien
(mai 2009).
La *guerilla gardening*
est un acte écolo-militant
qui consiste à reverdir
les centre-villes.

à la différence de l'actuel PNUE (Programme des Nations unies pour l'environnement). Malgré les contacts pris avec plusieurs ambassades, l'idée a fait long feu, mais un corps de Casques verts s'est néanmoins constitué avec, au contraire de son ambition initiale, une base de fonctionnement extrêmement souple. « *Pas de structure juridique, pas de leader maximo, pas de propriété exclusive*, explique l'un des initiateurs Stephen Kerckhove, permanent et co-fondateur d'Agir pour l'environnement. *Qui veut devenir Casque vert s'achète un casque vert et organise sa propre action.* » La composition d'un contingent va donc varier selon le thème de l'opération et selon les partenaires associatifs qui y sont impliqués.

Lors d'une première mission, dite « de sauvegarde du climat », les Casques verts ont envahi les stands des constructeurs français de 4 x 4 urbains au salon de l'automobile de Paris en 2006. Ils sont également intervenus au siège d'un producteur d'eau minérale pour lui restituer ses déchets, en l'espèce plusieurs milliers de bouteilles en plastique vide. Ils répliquaient ainsi à une pernicieuse campagne publicitaire où l'entreprise comparait l'eau du robinet à celle des toilettes... Plus généralement, chaque apparition des Casques verts contribue à populariser le principe de droit d'ingérence environnementale, qui trouvera peut-être un jour à s'exprimer dans les instances internationales.

« *Le travail est immense, mais nous allons y aller concrètement, en posant les jalons pour essayer d'avancer, tout au moins ne pas reculer.* » Stephen Kerckhove sait que cette démarche est fragmentaire, que « *faire passer une information à un instant t, ce n'est pas cela qui va faire changer les choses* ». Mais il sait aussi que c'est le seul moyen d'être entendu par les médias et par l'homme de la rue. « *La difficulté avec les mouvements environnementaux est qu'on invoque des acteurs absents : l'environnement, les générations futures. Les gens n'ont plus envie de se mobiliser, sinon de façon très ponctuelle, sur une cause qui les touche directement, sur une logique de* NIMBY[1] *. Quand on parle de décroissance à des familles qui ont du mal à boucler leur fin de mois, on n'est plus audibles. De plus, la fin des utopies a fini de nous déculpabiliser. Chacun se dit : je ne vais pas m'engager pour quelque chose qui risque de finir dans un bain de sang. Si l'objectif est inatteignable, il fait peur à tout le monde.* » D'où ces actions ciblées anti-4 x 4 où l'on essaye de « *pourrir la communication des entreprises* » pour illustrer des campagnes plus globales sur le changement climatique.

[1] Acronyme de l'anglais *Not in My Backyard* (pas dans mon arrière-cour).

L'écologie militante fait donc face à une double exigence périlleuse à assumer : elle doit jouer sur le tableau médiatique, avec des instantanés choc faciles à appréhender, et en même temps ne pas perdre de vue l'essentiel, cette vision globale et complexe de la planète qui s'inscrit dans le long terme, et qui seule doit guider l'action.

La contestation fleurit

Mais aujourd'hui, le véritable changement dans le champ de l'écologie est plutôt à chercher en marge des grandes associations. Il se situe dans l'émergence de cette multitude de collectifs novateurs, qui, à la différence de leurs aînés, innovent non seulement dans les modes d'action, mais aussi par leur organisation. Ces collectifs ne se réclament pas de manière explicite de la mouvance environnementaliste, mais

Mouvement « altermobiliste » proche de la décroissance, la Vélorution est en marche pour libérer l'homme urbain de la « tyrannie automoto » (Paris, octobre 2004).

partagent la même sensibilité et les mêmes objectifs. Leur discours théorique se limite bien souvent à un manifeste sur un site Internet, et leur existence concrète à ces moments où la contestation s'incarne.

Sur le périphérique parisien, c'est un groupe baptisé Carré vert qui va bloquer la circulation, le temps d'un cliché, en déroulant un immense tapis vert de 200 m² planté d'arbustes. Le signal : dénoncer les ravages du « tout voiture » sur l'environnement et la santé des populations. Les revendications : rééquilibrer les modes de déplacement urbains en favorisant les transports en commun et le co-voiturage, et instaurer une fois par an une journée festive, la Périféérique, où le périph' serait vidé de ses voitures et entièrement livré aux piétons et cyclistes. Soutenu par plusieurs élus locaux, ce collectif citoyen a ainsi créé avec ce carré vert une sorte de logo qui symbolise la résistance à la pollution et l'asphyxie des villes par le trafic routier. En même temps, il figure un pont possible entre Paris et sa banlieue.

Même analyse chez les Vélorutionnaires quant aux limites du règne de l'automobile, sauf que ces derniers mettent l'accent sur le vélo, présenté comme la meilleure alternative en milieu urbain. Actifs dans une vingtaine de villes de France, ils ont ouvert des ateliers coopératifs pour faciliter la réparation et les échanges de bicyclettes d'occasion. Ils demandent que les vélos en libre-service dans les villes ne soient plus liés au marché publicitaire. Chaque année, ils s'associent à la randonnée cyclonudiste où, simultanément dans plusieurs villes d'Europe, des cohortes de cyclistes plus ou moins déshabillés envahissent les rues sous l'œil avide des caméras. Allégorie de la vulnérabilité du cycliste face à l'automobile. À Toulouse, la Vélorution a également défrayé la chronique judiciaire : le fondateur de l'association locale Olivier Théron a passé six mois en prison pour avoir jeté en 2004 des yaourts périmés sur la voiture du ministre de l'Intérieur, à l'époque Nicolas Sarkozy.

Autre nouveau venu sur le terrain militant, l'association Robin des toits a lancé l'alerte sur une nouvelle source de pollution : les technologies de télécommunication mobile, responsable d'un type de pathologie appelé EHS (Électro hyper sensibilité). Face aux dénégations des opérateurs et fabricants de téléphones, elle doit se battre pour faire adopter en France des mesures de protection des populations exposées, alors que les risques sanitaires sont désormais scientifiquement établis et reconnus dans plusieurs autres pays.

À citer également, les opérations commando des Dégonflés parisiens et de leurs émules bordelais de Solid'air, lesquelles consistent à dégonfler les pneus des 4 x 4, et se terminent parfois au poste ; les clowns-pêcheurs, lorsqu'ils transforment un siège d'EDF en criée aux poissons, manière de protester contre des projets de réacteurs nucléaires et de lignes à très haute tension ; les Planteurs volontaires, lorsqu'ils replantent pins, saules et chênes là où les a fait disparaître le chantier de la future A65 entre Pau et Langon...

En définitive, la multiplication de ces foyers de contestation ne correspond hélas à rien d'autre qu'à la multiplication des foyers de pollution, à la dégradation généralisée de l'environnement. Car depuis les années Greenpeace, l'apparition de nouvelles technologies et le développement aveugle et exponentiel des activités humaines se sont traduits par de nouvelles atteintes à nos conditions de vie, générant de nouvelles colères, de nouvelles frustrations, des nuisances face auxquelles ni les ambitions électorales, ni les attroupements de masse, ni les systèmes de pensée qui veillent aux grands équilibres naturels ne semblent près d'aboutir. Des nuisances qui appellent une lutte pied à pied, au plus près de la racine, avant que celle-ci ne se propage plus loin dans nos espaces vitaux. ■

Randonnée cyclonudiste dans les rues de Paris, juin 2008.

Sur le modèle
des Manifs de droite,
cette fausse manif
anti-écolo
interpelle les passants
par des slogans
décalés à la gloire
du capitalisme sauvage.

Action du collectif
Bande d'arrêt d'urgence,
décembre 2007.

Clan du néon, le déclic écolo

L'abus de néon nuit à la nuit. Il nuit au vol des migrateurs, au spectacle des étoiles, au sommeil du riverain. Il contrevient aussi à ce message rebattu de l'ère éco-citoyenne : éteignez les lumières quand vous ne vous en servez pas. C'est donc à une double pollution que, par un geste très simple, le Clan du néon a décidé de s'attaquer. Une enseigne lumineuse éclairée toute la nuit pour un magasin fermé consomme de l'énergie inutile. Il suffit de l'éteindre en abaissant un interrupteur. Puisque personne n'y a songé, le Clan du néon s'en charge.

Cette idée lumineuse a donné lieu aux premières équipées nocturnes en 2007 dans les rues de Paris. Après quoi le Clan a fait des clones dans une vingtaine de villes de province. Perruque, lunettes noires, gants, blouse et grosses baskets, le chasseur de néons se reconnaît à cet accoutrement coloré et anonyme, image type d'un nouveau justicier de l'écologie. Il parcourt le macadam à l'affût des néons parasites les plus voraces et les moins indispensables (la pharmacie de garde est par exemple toujours épargnée). Et dès qu'il repère une proie, se juche jusqu'à l'interrupteur extérieur situé près de l'enseigne incriminée. Courte échelle. On/off. Et la lumière n'est plus...

L'opération n'entraîne aucune dégradation. Elle est totalement réversible. Difficile pour la victime d'évaluer un préjudice. Difficile donc pour les commandos nocturnes de se faire condamner.

À raison de 50W par mètre de tube et d'une dizaine d'extinctions par expédition, l'impact de ces actions reste évidemment très symbolique. Il s'agit avant tout de montrer aux commerçants et aux élus que l'éclairage permanent des villes par les enseignes est une pollution à la fois absurde et facile à éradiquer. Elle constitue en outre une agression publicitaire supplémentaire qui n'intéresse personne. Alors, pourquoi ne pas légiférer ? Et rendre ainsi au citoyen la nuit que le commerce lui a volée.

En septembre 2008, la mairie de Dieppe s'apprête à voter en faveur d'un second réacteur EPR à Penly. Des anti-nucléaires envahissent la salle du conseil et s'enchaînent aux tables des élus.

Joute oratoire sur les OGM entre la ministre Valérie Pécresse et un groupe de Désobéissants ayant fait irruption dans une conférence à la Cité des Sciences et de l'Industrie (Paris, mai 2008).

Happening pour l'abolition de l'exploitation animale, organisé par des Végans dans le jardin des Halles, à Paris (mai 2006).

Le mariage de l'agriculture et de la science, vu par des militants anti-OGM (Paris, La Villette, mai 2008).

Périphérique parisien, hiver 2007.
Sous ce costume d'ours polaire se cache un activiste de la Bande d'arrêt d'urgence préoccupé par le réchauffement climatique.

TERRE
PRIORITAIRE

FAUCHEURS VOLONTAIRES

Panique dans le transgénique

« *Nous étions arrivés à un moment où il n'y avait plus le choix* ». Jean-Baptiste Libouban, 74 ans, décrit ainsi cet « état de nécessité » qui l'a conduit en 2003 à créer le collectif des Faucheurs volontaires. Cet été-là, il profite du rassemblement de 150 000 personnes sur le plateau du Larzac pour lancer son appel. Dans le pays, la situation sur les cultures transgéniques est à l'urgence. Sous la pression des semenciers et des sociétés de biotechnologie, les gouvernements ont voulu imposer des produits OGM contre l'intérêt général, celui de la terre et des paysans, contre la liberté de choisir son alimentation, contre les principes fondamentaux de la précaution sanitaire et du droit à un environnement sain[1]. Alors, face à la menace, Jean-Baptiste Libouban met en pratique l'esprit de désobéissance civique et de non-violence qui l'a toujours porté, et qui l'a conduit dès les années 1950 à rejoindre le mouvement des communautés de l'Arche. Il estime qu'il n'y a pas d'autre recours que la méthode illégale : la neutralisation de parcelles d'essais ou de culture OGM par arrachage des plants.

Déjà, depuis le 6 novembre 1996, date de l'arrivée en Europe de l'*Ideal Progress*, le premier bateau chargé d'OGM, plusieurs

Jean-Baptiste Libouban (à gauche) et José Bové, principaux animateurs des Faucheurs volontaires, au Salon de l'agriculture. Paris, mars 2006.

actions ont eu lieu. Greenpeace a bloqué dans le port d'Hambourg les 44 000 tonnes de soja du cargo, projetant sur sa coque un lumineux « We are not your Guinea pigs[2] ». José Bové, ancien du Larzac, dont il fut dans les années 1970 l'un des acteurs les plus combatifs, a également organisé des opérations avec ses amis agriculteurs de la Confédération paysanne. En juin 1997, il fauche un champ de colza transgénique en Isère et apporte la récolte devant les bureaux de Monsanto. En janvier 1998, alors que le gouvernement Jospin vient d'autoriser la culture du maïs Bt, il s'introduit avec 200 personnes dans un entrepôt de Novartis à Nérac pour ruiner un stock de semences en y mélangeant du maïs sain. Le procès qui s'en suit permet de retourner l'accusation contre les OGM et compromet un temps la commercialisation du maïs.

José Bové établit surtout sa réputation en août 1999 avec le démontage du fast-food McDonald's en construction à Millau, une action menée dans les règles de l'art de la désobéissance civile : en plein jour, avec beaucoup de monde (y compris des enfants), information préalable à la police et sans violence autre que sur des matériaux de construction légère.

Mais la Conf' ne souhaite pas continuer la lutte seule. Pas question de mettre en péril son existence de syndicat en se livrant à d'autres fauchages. Il faut, pour prendre le relais, un collectif sans chef, qui agit collectivement, mais où chacun est individuellement responsable. Les Faucheurs volontaires vont jouer ce rôle.

De 400 signataires à l'été 2003, le nombre de Faucheurs passe à 1 500 l'année suivante, puis à 7 000 en 2009. 7 000 personnes ont signé la charte par laquelle elles s'engagent à détruire des plantes OGM, mais aussi à reconnaître leurs actes devant les tribunaux. « *L'important, c'est la revendication*, souligne Jean-Baptiste Libouban. *C'est de dire : c'est nous qui l'avons fait, et voilà pourquoi nous l'avons fait* ». Les militants opèrent donc toujours à visage découvert et, pour prévenir d'éventuels dérapages, à main nue. De fait, les Faucheurs sont en réalité des « arracheurs » et n'ont de faucheur que le nom. « *Même s'ils ont signé une charte de non violence, il y en a qu'on ne connaît pas, et on ne peut pas les imaginer sur le terrain avec des couteaux ou des faucilles,* explique Jean-Baptiste Libouban. *Nous avons toujours une attitude non-violente, face à des paysans qui au contraire viennent quelquefois vers nous armés de barres de fer.* »

Parce qu'ils font face à des nuisances invisibles, à l'opacité des activités semencière et agro-alimentaire, faire œuvre de pédagogie est pour les militants anti-OGM la condition première de la lutte. Ici, un « animateur OGM » révèle la composition des produits aux clients d'un grand magasin, avant d'être chassé par les vigiles (Paris, janvier 2007).

1 Principes contenus respectivement dans la Constitution française et dans la Convention européenne des droits de l'Homme.

2 *Nous ne sommes pas vos cochons d'Inde.*

En 2005, après plusieurs interventions musclées comme celle de Valvidienne, qui a opposé 300 militaires à 500 militants non-armés et fait plusieurs blessés parmi ces derniers, le collectif décide de revoir sa tactique. Les actions ne seront plus systématiquement annoncées à l'avance. Car le but n'est pas la confrontation mais la modification de la loi. D'où d'ailleurs la préférence de Jean-Baptiste Libouban pour le terme de *désobéissance « civique »* plutôt que « *civile* » (il s'agit en effet pour les Faucheurs non seulement de désobéir à la loi comme le suggère Thoreau, l'auteur de la *Désobéissance civile*, mais aussi de la remplacer par une loi plus juste). Ce qu'ils réclament, c'est la garantie de pouvoir produire, manger et nourrir les animaux sans OGM. Ils ne sont pas hostiles à la recherche sur la transgenèse, mais les expérimentations doivent se faire en milieu confiné et non en plein champ. Sinon, c'est l'ensemble de la filière traditionnelle qui est condamné.

Ainsi Libouban et ses amis ont-ils démontré toute la supériorité tactique de la désobéissance civique. Il est probable que, sans eux, les Européens seraient tous en train de consommer au quotidien des OGM. Tout au moins, reconnaît Libouban, leur « *intervention a permis d'ouvrir un vrai débat en France et d'échapper à la contamination du maïs* ». La moitié des parcelles plantées en OGM a été détruite dans les premières années. Six ans après la création du collectif, le moratoire sur le maïs MON810 court toujours, et il n'y a plus de cultures commerciales transgéniques en France. Enfin, sur le plan du droit, même si des condamnations ont été prononcées, la justice a reconnu « l'état de nécessité » dans plusieurs affaires.

Aux yeux de l'opinion, les Faucheurs figurent parmi les collectifs les plus populaires. Des sortes de pionniers de la désobéissance civile à la française, même si leur approche est des plus anciennes. Les centaines de milliers d'euros de dommages et intérêts dont ont écopé les militants sur l'ensemble des actions ont ainsi été entièrement payés grâce à la solidarité des citoyens. Que des personnalités politiques comme des élus verts s'avancent en première ligne pour revendiquer ces actes, cela ne contribue que davantage à frapper les esprits. Certains comme José Bové ont même tâté pour cela de la prison. Mais l'intérêt du combat tient surtout aux questions essentielles qu'il aborde : la privatisation du vivant, la mutation des espèces, la santé publique, les choix alimentaires. Rarement la vie n'a autant été au cœur du militantisme. ■

Une foule de plusieurs centaines de Faucheurs volontaires submerge le parc des expositions de la Porte de Versailles pour le Salon international de l'agriculture, en mars 2006.

HEURS
D'OGM

HACKERS VS BIG BROTHER

Alors que Big Brother nous surveille, ils sont ceux qui surveillent Big Brother. Chaque année, les Big Brother Awards (BBA) récompensent les institutions, personnes et entreprises qui se sont distinguées par leur mépris du droit à la vie privée et par la promotion de la surveillance des individus. Cérémonie façon Césars ou Victoires de la musique, l'événement donne lieu à une remise des prix très théâtralisée, entourée de fastes faussement solennels et d'un humour ironique un peu potache, dans la pure tradition britannique du *name and shame* (désigner pour humilier, montrer du doigt). C'est d'ailleurs à Londres que l'association Privacy International en a lancé le principe dans les années 1990, et de là qu'il s'est étendu à une quinzaine de pays, dont la France en 2000.

Mais les BBA, c'est aussi un rendez-vous très sérieux qui rassemble les scientifiques, sociologues, juristes, journalistes et militants les plus attentifs aux dérives de la société techno-sécuritaire. Il permet de dresser un état des lieux des avancées les plus récentes en matière de fichage, de flicage et de profilage. Et donc des reculades qui en résultent en matière de libertés publiques. « *Ce que nous proposons, c'est de l'info, c'est un journal annuel* », estime Jérôme Thorel, initiateur des BBA-France. Ce journaliste se défend vivement de faire œuvre de militantisme, un mot qui selon lui « *sert souvent d'alibi* ». « *Je ne cherche pas coûte que coûte à évangéliser, mais à protéger une partie du bien public* ».

Pour la 9e édition, le public a ainsi eu droit à une scénographie très high-tech, dans une ambiance crépusculaire : le plateau qui s'éclaire sur des comédiens-militants casqués en treillis et lunettes noires, des caméras factices qui font mine de surveiller la salle, *jingles* et courts métrages pour rythmer la présentation des nominés. Tandis que les trophées, figuration dorée d'une godasse sur une gueule, attendent sur le sol des récipiendaires qui, cette année encore, ne viendront pas les récupérer.

Et pour cause. La liste des nominés, répartie en six catégories, est une illustration toujours très glaçante de la dérive à l'œuvre dans le pays.

En lice par exemple pour le **prix Orwell « entreprises »** : le détecteur de mensonges de Midot et Lapid (à usage des DRH) et le « couloir intelligent » de Thalès (qui détache et analyse les molécules du corps à l'aide d'un flux d'air afin de détecter les comportements suspects ; bientôt dans vos aéroports). Dans la même catégorie, les BBA ont déjà primé les drones de Sirehna et Taser, destinés à surveiller furtivement les populations civiles avec du matériel de conception militaire (et accessoirement à leur tirer dessus avec des balles électroniques).

Dans la catégorie **Orwell « localités »** figure le maire d'un village ayant installé 12 caméras pour 146 habitants, mais c'est celui de Paris, Bertrand Delanoë, qui emporte le prix « *pour avoir succombé aux sirènes de la vidéosurveillance* ».

Dans la catégorie **« État-élus »**, le ministère du Budget est récompensé pour un fichier présenté comme nouveau moyen de lutte contre la fraude sociale. Il emboîte le pas au Conseil constitutionnel, primé l'année précédente pour avoir validé le principe de la rétention de sûreté au mépris des principes fondamentaux de l'État de droit.

Quant à la ministre Michèle Alliot-Marie, elle décroche l'**Orwell « ensemble de son œuvre »** pour son talent à multiplier le nombre de caméras de surveillance (qu'elle veut tripler), de fichiers (une quarantaine en France) et à inventer un ennemi intérieur (un « terrorisme d'ultra-gauche »).

Chaos Communication Camp. Finowfurt, Allemagne, août 2007.

Le palmarès comporte également un très orwellien **prix « novlangue »** consacré aux euphémismes, acronymes et autres arguties que médias et politiques utilisent pour justifier ou masquer la réalité. En 2009, le jury y a ajouté une mention spéciale « zélateur anonyme », ayant été alerté sur plusieurs cas de délation chez des fonctionnaires qui n'hésitent pas à trahir le secret professionnel sur de simples suspicions. « *C'est une tendance de fond qui consiste à embrigader dans un processus de dénonciation tous ceux qui ont un travail en rapport avec les services sociaux* », explique le sociologue Armand Mattelard, président du jury. Cibles principales : les sans-papiers et ceux qui leur sont solidaires.

Enfin, et *a contrario*, les BBA savent aussi reconnaître les efforts de ceux qui résistent à l'avancée du processus sécuritaire. Se partagent un **prix Voltaire « de la vigilance citoyenne »** les directeurs d'écoles ayant refusé d'obéir aux consignes de fichage de leurs élèves dans Base-Élève, ainsi que les collectifs qui se sont élevés contre la multiplication des bornes de contrôle biométrique dans les écoles et contre le fichier Edvige. En 2008, une pétition de 200 000 signatures doublée d'un recours devant le Conseil d'État avait poussé le gouvernement à abandonner ce projet de fichier. Il visait à recenser, sous des critères tels que la santé, la sexualité ou l'engagement associatif, toute personne susceptible de troubler l'ordre public, enfants de 13 ans inclus !

Réveiller les passivités

Comme leurs amis d'Oblomoff ou de Souriez vous êtes filmés (SVEF), les BBA tentent d'éveiller l'opinion sur l'érosion de la vie privée et les dégâts de la science et de la technologie. Un retour de balancier qui s'impose plus que jamais face aux forces qui agissent en sens inverse, et qui font que la société monte toujours d'un cran dans sa capacité d'acceptation du niveau de surveillance. « *Les gens n'ont pas encore fait le lien entre écologie et vidéosurveillance,* se désole Jean-Pierre Petit, de SVEF. *Je ne comprends pas que l'on puisse à la fois exiger de manger sain et accepter par exemple de placer sa main dans une borne biométrique.* » L'exemple d'EDVIGE est également significatif : la réaction n'aurait pas été d'une telle ampleur si les journalistes n'avaient été eux-mêmes visés par le projet de fichage.

Cette passivité naturelle s'explique largement par le discours ambiant de sacralisation de la machine et d'injonction à la modernité, discours inscrit dans la vieille idéologie du progrès, qui veut que toute nouveauté soit aussitôt entérinée. En parallèle se répand le discours sécuritaire sur la prévention d'un « risque », permanent, diffus, multiforme, un ennemi qui serait à la fois intérieur et extérieur, et qui crée chez le citoyen une sorte d'addiction. Les deux types de discours scellent ensuite leur emprise grâce à l'alliance entre les firmes et le gouvernement. La plupart des groupes industriels et technologiques proposent en effet des produits sécuritaires, tandis que l'État leur assure en retour un soutien actif. Ces discours sont également relayés par la télévision, qui banalise les phénomènes d'exposition de la vie privée, et où de fictifs scientifiques à l'éthique irréprochable, type *Les Experts*, résolvent des enquêtes grâce à des technologies qui, elles, existent réellement.

De plus, les innovations sont toujours présentées à la lumière de leurs applications les plus philanthropes. Les justifications de façade sont en général inattaquables : simplifier les gestes du quotidien, guérir des maladies rares, résorber la faim dans le monde... Comme le rappelle Jérôme Thorel : « *on fait d'abord accepter les techniques dans un domaine. Ensuite, il est beaucoup plus facile de les imposer dans d'autres.* » Les puces RFID[1] ont, par exemple, d'abord été utilisées lors de la première guerre du Golfe, puis sur les troupeaux lors de la crise de la vache folle. Elles sont aujourd'hui incorporées dans les emballages des produits alimentaires, les livres, les vêtements. On les retrouve aussi dans la carte Navigo, supposée rendre service aux usagers des transports parisiens, mais qui offre en même temps la possibilité de constituer sur eux des fiches de données nominatives et de les suivre à la trace. De la même manière, le système OpTag, financé par l'Union européenne, se propose d'équiper en RFID les billets d'avion sous prétexte de prévenir les flâneurs. Et bientôt, une version sous-cutanée de cette puce pourrait réunir toutes les informations concernant chaque individu (passeport, dossier médical, carte bancaire, casier judiciaire...) et permettre de le localiser en permanence par satellite. Où est la limite ? Cette technologie est déjà obligatoire pour les chevaux en France, et les volontaires qui se la sont fait greffer dans le bras aux États-Unis – où elle est autorisée sur les humains depuis 2004 – se réjouissent de pouvoir payer en discothèque sans avoir à sortir leur porte-monnaie... « *Contrairement à ce que nous dit la CNIL[2], ce n'est pas l'usage qui fait la dangerosité,* estime même Jérôme Thorel. *La technique n'est pas inerte, elle est dangereuse en soi.* »

[1] Radio-frequency identification, technologie qui permet de suivre le cheminement et de reconnaître les caractéristiques d'un objet à distance.

[2] Commission nationale de l'informatique et des libertés.

Dépistage génétique, profilage sociologique, perquisitions en ligne sur les ordinateurs, lecture automatisée des expressions faciales, logiciels d'analyse comportementale, prolifération des bases de données, contrôles biométriques, drones, caméras intelligentes, puçage des animaux et des objets, espionnage par téléphone portable interposé, géolocalisation par GPS, WiFi ou RFID, l'énumération ne relève plus de l'esprit fécond ou paranoïaque d'une certaine littérature, mais d'une réalité bien installée. Progressivement, la démocratie s'est dotée d'un arsenal d'outils qui, par nature, sont ceux de la dictature. Le dispositif d'omniscience qui s'est mis en place aboutit à un scannage permanent de nos désirs et de nos actes, et contribue à l'avènement d'une sorte d'état techno-totalitaire obsédé par la transparence, le contrôle social et la toute-puissance des machines. Et le fait que la majorité des citoyens s'en accommode dans la gestion de son quotidien ne doit pas occulter les conséquences en termes psychiques, moraux et de droits fondamentaux : atteintes à l'intégrité physique, abolition de la frontière juridique privé/public, rabougrissement de la sphère de l'intime, destruction du lien social et des lieux de vie...

Les collectifs anti-vidéosurveillance rappellent ainsi que l'enregistrement de l'image d'une personne sans son consentement constitue non seulement une nouvelle forme de domination, mais aussi une atteinte à la vie privée, protégée par le Code civil français et la Déclaration européenne des Droits de l'Homme. Ceci alors que toutes les études s'acharnent à démontrer l'inefficacité des caméras dans la lutte contre la criminalité. Entre détection et dissuasion, aucune finalité n'a jamais été clairement établie pour ces appareils. La seule qui tienne étant, pour le maire qui les met en place, la communication en direction des électeurs.

Enfin, sur le plan des atteintes à l'intégrité individuelle et aux libertés, le pire est probablement en cours, avec l'apparition d'un nouveau champ expérimental, celui des NBIC, où convergent nanotechnologies (N), biotechnologies (B), technologies de l'information (I) et sciences cognitives (C). En inventant l'interface cerveau/machine, les NBIC permettront en effet théoriquement de manipuler l'homme à distance, grâce au couplage capteur/actionneur. Le tout sous couvert d'améliorer ses performances ou sa longévité.

Plus que jamais, le corps devient poreux. La gestion du collectif s'ancre dans l'anatomie de l'individu. La dignité humaine s'amenuise. Une « neuropolice » se profile dans l'ombre des laboratoires.

BBA, le trophée.

Cérémonie des Big Brother Awards (BBA). Paris, février 2006.

Générations de saboteurs

Glissement d'une société de contrôle vers une société de surveillance, puis, demain, une société de contrainte. Déplacement du risque actuel de déshumanisation vers celui – programme scientifique lancé officiellement outre-Atlantique – de *transhumanisation*... Le regard des militants doit porter à la fois sur la réalité de la vie quotidienne et sur un futur où la prospective ne se dépêtre pas toujours du fantasme. Aussi va-t-il trouver à s'exprimer sur deux tableaux : tantôt dans une littérature ambitieuse et abondante, tantôt dans des interventions sur le terrain.

Obstruction d'une caméra à Levallois-Perret, la ville la plus surveillée de France.

Cette double stratégie est celle du contre-laboratoire grenoblois Pièces et Main d'œuvre, collectif engagé dans la dénonciation du techno-totalitarisme dans la lignée d'un Jacques Ellul. Elle est aussi celle du groupe Oblomoff, constitué lors du mouvement des chercheurs de 2004 pour contester l'idée qu'il faille « sauver la recherche ». Ensemble, ils ont occupé la CNIL en décembre 2007 pour réclamer sa dissolution, considérant que cet organisme, au contraire d'un garde-fou, est devenu un rouage à part entière du système techno-étatique, et qu'il ne travaille à rien d'autre qu'à rendre acceptable l'exploitation numérique de nos vies. L'année précédente, lors d'un gala mondain au Collège de France en l'honneur du spécialiste des neurosciences Jean-Pierre Changeux, des membres d'Oblomoff se sont fait passer pour d'anciens élèves et ont adressé un faux éloge à leur « maître », accusé d'avoir voulu « *psychiatriser la vie* ». On a également vu Oblomoff à la faculté de médecine de Paris perturber une conférence sur « l'homme transgénique », ou gâcher l'inauguration de l'exposition Nanotechnologies à la Cité des Sciences, apostrophant les officiels d'un cinglant « *Monsieur le nano-ministre, mesdames et messieurs les sous-fifres !* ».

De son côté, Célia Izoard, membre du groupe et co-auteur de *La tyrannie technologique*, a participé à l'action de novembre 2005 contre les bornes biométriques du lycée de Gif-sur-Yvette. Cet établissement scolaire de la région parisienne fut l'un des premiers à s'équiper de ces dispositifs de pointage par analyse du contour de la main. Déguisés en clowns, une vingtaine de militants avaient alors fait irruption dans la cantine à l'heure du déjeuner et brisé au marteau les deux appareils de contrôle. Un geste de désobéissance civile qui s'apparente aux révoltes luddites des années 1810, lorsqu'en Grande-Bretagne des ouvriers détruisaient des machines pour protester contre le démantèlement de leurs métiers et de leurs modes de vie. À Gif-sur-Yvette, les briseurs de machines espéraient provoquer un débat salutaire. Trois d'entre eux ont finalement été condamnés, dont Célia Izoard. Et des dizaines d'autres chefs d'établissement en France continuent malgré tout de vouloir conditionner des enfants à des pratiques où la machine se substitue à la relation humaine, et traite le corps comme un code barre sur une marchandise.

L'association Souriez vous êtes filmés (SVEF) s'en prend aussi aux machines, principalement les caméras de vidéo-surveillance (« vidéo-protection » en novlangue). Mais sans les briser physiquement. L'association est née en 1995 en réaction à la loi qui réglemente – et surtout systématise – l'usage de ces caméras. Ses actions de sensibilisation relèvent aussi bien de la réunion publique que du happening, où, tracts à l'appui, des caméras sont camouflées, temporairement neutralisées, servent de support à l'accrochage de banderoles. Où d'étranges cyborgs, la tête masquée de caméras en carton, circulent au milieu de la foule dans les espaces publics. SVEF s'associe également volontiers aux autres groupes dans la dénonciation de toutes les formes de contrôle social.

« *Il faut savoir être à la fois dans l'humour et dans le sérieux, dans la médiatisation et dans l'action sans journalistes* », rappelle Jean-Pierre Petit. Ce militant de SVEF appartient à la génération qui a connu les grèves de 1968, à ce courant libertaire qui s'est toujours intéressé à la critique de la vie quotidienne et aux formes de violence et de domination liées aux nouvelles technologies. Pour lui, la mise en place des lois sécuritaires est « *un choix de civilisation dont l'évolution dépend des réponses de la société* ». Or, dans ce domaine, le débat n'est pas encore allé jusqu'à son terme. Il compare le contexte actuel à celui de la civilisation industrielle, et se veut optimiste : « *la civilisation industrielle s'est imposée de façon très dure et il a fallu du temps avant que s'organisent les contre-feux, grèves et syndicats. Aujourd'hui, les pointeuses ont disparu des usines. Peut-être qu'un jour on enlèvera les caméras.* »

En tout cas, inutile de compter sur d'autres forces que la société pour renverser la vapeur. « *Je ne crois pas à l'État démocratique pour garantir aux citoyens des droits fondamentaux que cette même démocratie bafoue tous les jours, raille, travestit,* conclut quant à lui Jérôme Thorel. *C'est hallucinant de vouloir procéder à du fichage préventif qui reste 40 ans dans les machines, y compris sur des personnes qui n'ont rien à se reprocher. À la longue, ça ne passera plus. On est en train de fabriquer des générations de saboteurs.* »

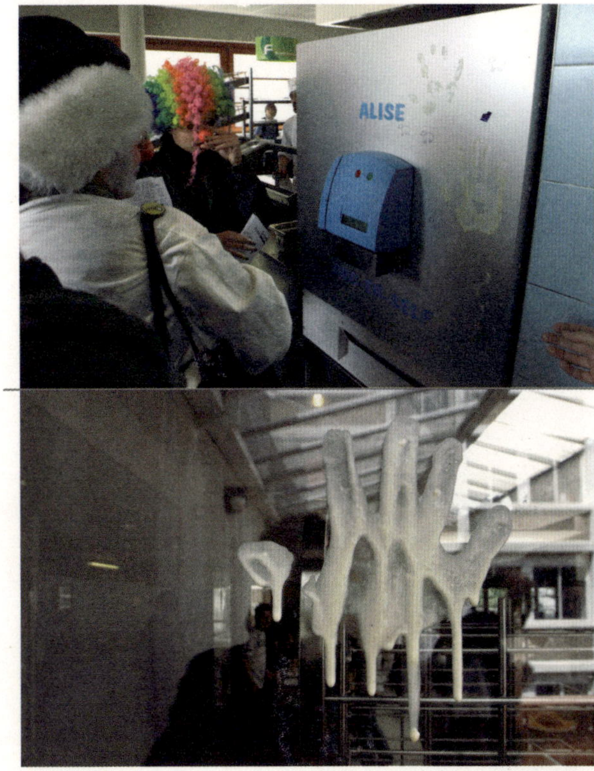

Au lycée Maurice-Ravel (Paris, mai 2006), des clowns de la BAC se sont pliés à leur manière à l'usage de la borne biométrique : la main nappée d'un mélange d'eau et de farine. L'établissement a finalement renoncé à ce dispositif.

Dans le métro parisien, des militants ouvrent un portique équipé d'un lecteur Navigo afin de le neutraliser, en lui retirant son circuit intégré.

Mise en scène organisée
à Paris contre le ficher Edvige
dans le cadre du rassemblement
européen Freedom not Fear
(octobre 2008).

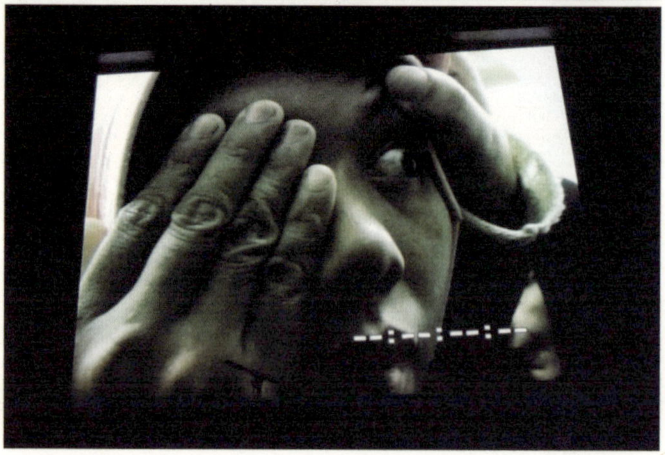

Capture d'iris à l'aéroport d'Abu-Dhabi.
Extrait du documentaire
Le temps des biomaîtres, de Laurent Guyot,
projeté aux Big Brother Awards.

Action de sensibilisation
dans le métro parisien
contre la vidéosurveillance,
signée Souriez vous êtes filmés
(mai 2007).

Pendant la campagne présidentielle de 2007, Votre nouveau visage invitait chaque semaine les passants à porter dans la rue le masque du candidat et ministre de l'Intérieur Nicolas Sarkozy, masque disponible en téléchargement sur le blog du collectif. Une critique de l'obsession sécuritaire et des phénomènes de manipulation par le marketing politique.

Une nouvelle arme : le hack

L'apparition de cet outil de communication qu'est Internet a entraîné des bouleversements dans la forme et le contenu de la contestation. Cette donnée est connue. Passons donc sur l'usage grand public qui peut en être fait, et qui permet aux militants de générer de l'information à moindre coût et d'en accélérer la circulation. Passons sur la multiplication des sites et blogs qui sont autant de pamphlets et de tracts à diffusion instantanée. Les actions s'organisent en quelques clics, pétitions et vidéos activistes pleuvent chaque matin sur les messageries. Beaucoup de cette information se dilue certes toute seule dans la masse, ou se délégitime derrière l'anonymat et le caractère douteux de certains sites, mais l'impact global sur le réel demeure. En 2006, lors des manifestations anti-CPE, on a vu comment les appels relayés par les blogs ont mis des millions de Français dans la rue et fait plier un gouvernement. L'Internet est assurément une nouvelle arme militante.

Pour l'anecdote, mentionnons toutefois cet épiphénomène : une cyber-manifestation observée en 2007 sur le site interactif en 3D Second Life. Des centaines d'avatars grévistes avaient alors débarqué avec banderoles et tee-shirts sur l'île virtuelle de IBM afin de perturber une réunion – toujours virtuelle – des responsables de l'entreprise. L'opération était organisée par les délégués syndicaux de IBM-Italie qui entendaient protester contre la suppression – bien réelle celle-ci – d'une prime annuelle de 1 000 euros. L'événement fut relayé par la presse. Mais en réalité, plus qu'une mutation de la militance, il illustre surtout le cas sans conséquence d'une lutte virtuelle absolue qui naît et s'évanouit sur elle-même.

En fait, l'avatar le plus éminent de la génération militante Web, le voilà : c'est le hacker.

Difficile de donner une définition précise du hacker. Car personne ne se présente jamais en disant « *je suis un hacker* ». À l'origine, cette figure désignait les bidouilleurs géniaux du Massachusetts Institute of Technology qui, dans les années 1970, réussissaient à réparer ou modifier des systèmes informatiques de manière propre et ingénieuse, sans passer par la notice. En France, le terme est plutôt devenu le synonyme, entaché de connotations négatives, de « pirate informatique », les intrusions illégales auxquelles se livre celui-ci n'étant pas sans rappeler l'idée de viol, ce viol intolérable de la propriété, de l'intimité et de la complexité de la machine ordinateur.

En réalité, le monde des hackers dépasse largement celui des pirates informatiques. Leurs statuts et leurs motivations sont multiples. D'une façon générique, si le hack désigne une utilisation innovante, créative et détournée de la technologie, une solution élégante et efficace à un problème, alors le hacker est celui qui, grâce à ses connaissances, va traquer les failles dans les systèmes informatiques, dégager les verrous, inventer et mettre en œuvre des processus alternatifs aux limites imposées par les fabricants. Et lorsqu'il exerce son action avec la finalité d'un certain bien commun, il devient un *hacktiviste*, un militant dont les technologies sont tantôt l'objet, tantôt l'outil, tantôt les deux. Le *hacktivisme*, grâce à la force de frappe d'Internet, devient alors une forme d'action directe virtuelle de masse.

Philippe Langlois est l'un des tout premiers hackers de France. En 1987, à l'âge de 12 ans seulement, il s'introduisait dans la matrice sous-jacente du minitel. Depuis, comme beaucoup de hackers, il a professionnalisé son savoir-faire, créant à 18 ans le premier fournisseur d'accès grand public en France (Worldnet, devenu Free), et à 20 ans, sa propre société (Intrinsec), qui vend des tests d'intrusion informatique aux entreprises. « *Quand on a cette capacité d'une vision critique par rapport à la technologie, cela intéresse forcément les entreprises* », explique-t-il. Plus récemment, il s'est réorienté vers de nouvelles activités d'artiste céramiste. Mais il reste attaché à cet esprit de subversion qui caractérise le hacker, dont la mission consiste à « *dépasser les dogmes et les vérités établies* », « *se battre contre l'obscurantisme* » qu'entretiennent l'État et les sociétés commerciales autour des nouvelles technologies, « *virer les blocages qui empêchent d'avoir un impact en tant qu'humain* ». Et il en détaille les modalités.

Le hacker peut d'abord agir en jouant le *whistle blower*, ou lanceur d'alerte, à l'image des deux journalistes qui avaient dévoilé en 1974 les pratiques de l'administration Nixon dans l'affaire du Watergate. Lorsqu'un hacker détecte une vulnérabilité susceptible de nuire à l'intérêt général, il le signale, contre les intérêts de ceux qui cherchent à la dissimuler. C'est le principe du *full disclosure*. Le hacker néerlandais Rop Gonggrijp avait ainsi démontré à la télévision comment les machines à voter de son pays pouvaient être *hackées*. Leurs puces pouvaient être piratées sans laisser de trace, et un simple transistor suffisait à indiquer qui avait voté quoi. Résultat : les Pays-Bas ont mis ces appareils au rancart en 2008.

"Insomni'hack", concours de hacking éthique. Préverenges, Suisse, février 2008.

Ensuite, lorsqu'il donne une audience à des personnes ou des documents qui, dans leur pays, tombent sous le coup de la censure, le hacker devient militant des droits de l'homme. C'est le cas avec Wikileak. Créé par le hacker australien Julian Assange, ce site héberge les fuites (*leaks*) d'information en provenance des régimes d'oppression du monde entier, notamment celles filtrées par le *firewall* chinois, et protège leurs sources. Grâce à des technologies cryptographiques ultrasophistiquées, il fonctionne comme un Wikipedia non censurable et parfaitement anonyme.

Mais d'une manière générale, ce qui anime le hacker, c'est avant tout un souci de démocratisation, d'éducation, d'égalité d'accès aux technologies. Le principe des logiciels libres, ou *open source*, relève largement de cette idée. Elle se retrouve aussi dans un programme comme celui, à but non-lucratif – mais néanmoins financé par certaines grandes firmes du web, du One Laptop Per Child (OPLC), qui consiste à développer un ordinateur portable à 100 $ à destination des pays du Sud.

Et c'est cette même culture du partage qui règne au Hacker Space Festival, dont la première édition en France a été initiée en 2008 par Philippe Langlois en banlieue parisienne. Un espace de totale autonomie technologique, où s'échangent à la fois des propos très sérieux sur les libertés publiques et des tuyaux pour bidouiller soi-même des gadgets tels que l'orgue à patate ou le bricophone. Avec, derrière ces ateliers au programme joliment ludique, la quête constante du hacker : démystifier la technologie, apprendre à la dominer avant qu'elle ne nous domine.

Détournement de la matière organique. Ces pommes de terres sont utilisées comme piles pour fabriquer de l'électricité (ateliers Dorkbot, Paris, mai 2008).

En ce sens, le *hacktivisme* reste intimement fidèle à la philosophie première et fondamentale d'Internet, une philosophie de service public comme un Napster (autre œuvre de hacker) a pu s'en réclamer. Il s'agissait en effet de pouvoir tout échanger et tout communiquer librement, et sans payer. Steve Wozniak et Steve Jobs, les créateurs de l'immense affaire Apple, étaient eux-mêmes à leurs débuts de purs hackers marqués par l'esprit libertaire des années 1970. Leur première production était un hack conçu pour téléphoner gratuitement : la Blue Box.

Mais l'évolution d'Internet, comme celle de certains hackers, montre que la frontière entre business et philanthropie est très perméable. Liberté et transparence subissent aussi d'inquiétantes limitations. Ce que déplore vivement Philippe Langlois : « *Internet est en train d'être fliqué d'une manière antithétique par rapport aux principes qui l'ont fondé. On essaye de transformer cet outil de liberté en une nouvelle télévision.* »

Alors les résistances s'organisent aussi hors hack. À la pointe dans ce domaine en France, le collectif La Quadrature du Net s'est par exemple élevé avec un certain succès contre les tentatives de contrôle d'Internet par la loi dite Hadopi, du nom de cette nouvelle autorité pouvant ordonner, sans garanties juridiques, la déconnexion des internautes suspectés de téléchargements illégaux. Ce dispositif fut condamné à la fois par le Conseil constitutionnel français et les institutions européennes.

Chez les hackers comme dans tout le champ de la contestation moderne, il n'y a pas de héros. La résistance se tisse d'une multitude de petits actes technologiques, au gré des menaces qui s'annoncent, sans que l'on sache vraiment qui est à l'origine de quoi. Plutôt pirate ou plutôt justicier, plutôt lanceur d'alerte ou bidouilleur fou, à chaque hacker sa spécialité. Mais toujours avec cette indépendance qui ne plaît guère aux pouvoirs – sauf à réussir à en retourner quelques-uns. Et en matrice, une certaine vision de la technologie et de son rapport à l'homme, qui est aussi la vision d'une société idéale. ■

Présentation d'un vidéo-projecteur low-tech dans le cadre des ateliers Dorkbot. Paris, mai 2008.

Chaos Communication Camp. Finowfurt, Allemagne, août 2007.

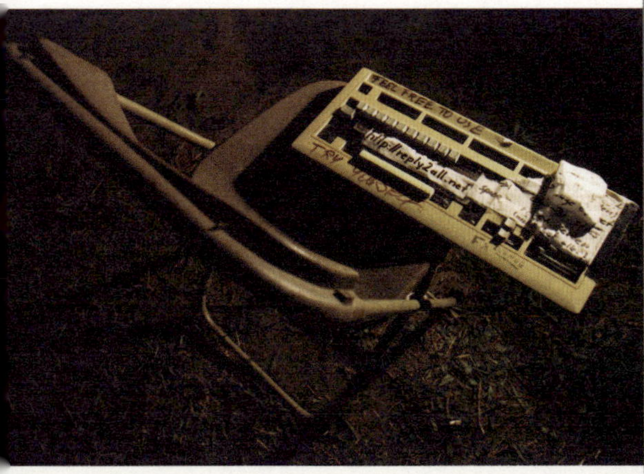

Hacker Space Festival. Vitry-sur-Seine, juin 2008.

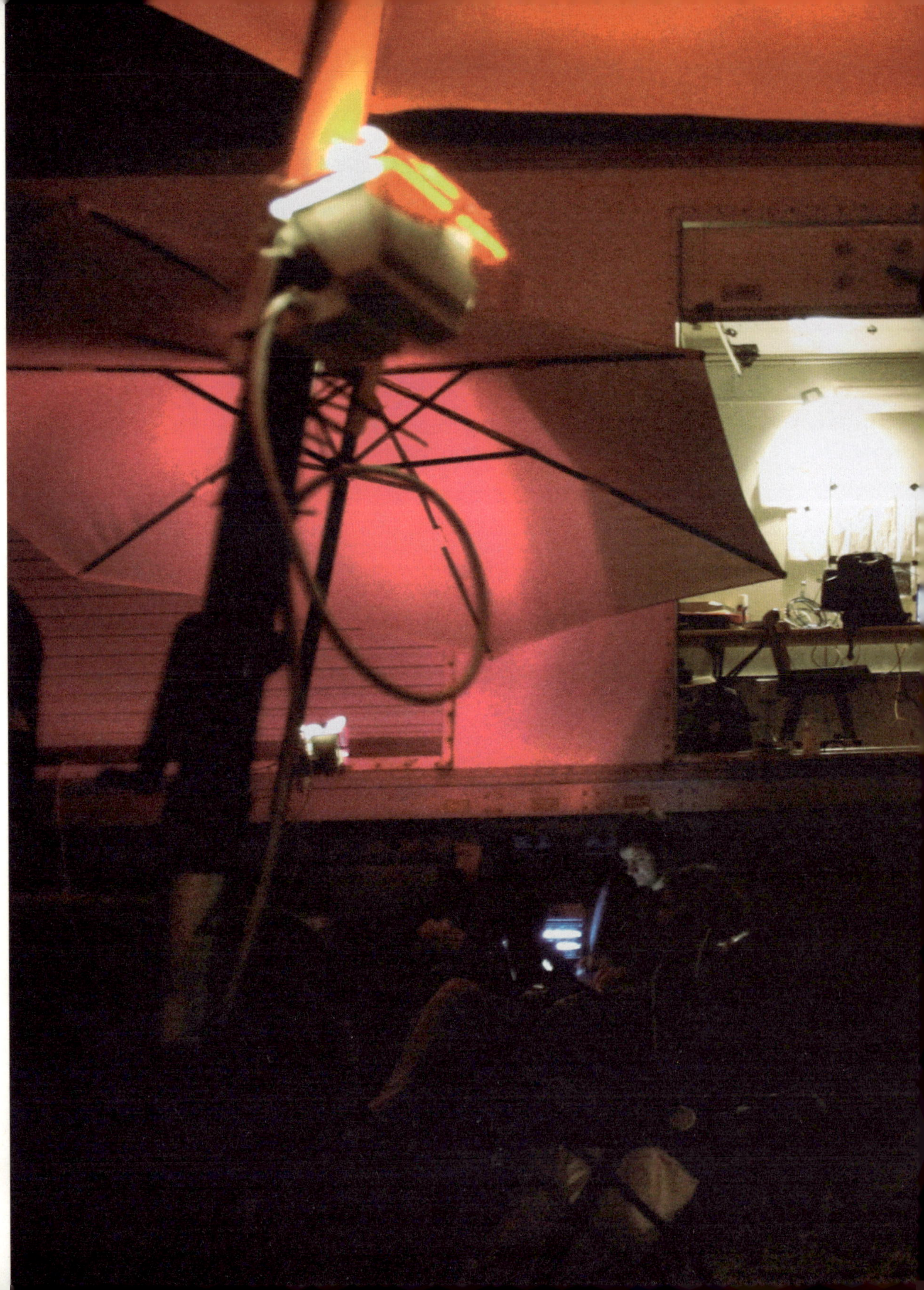

Chaos Communication Camp.
Finowfurt, Allemagne,
août 2007.

UTOPIE
AUTOPSIE

Une nuit au Chaos Communication Camp. A l'été 2007, 2 000 hackers du monde entier se réunissent sur le site d'une ancienne base militaire soviétique anti-missiles près de Berlin. Ce camping improvisé, jonché de câbles et truffé de bunkers, devient alors un gigantesque laboratoire artisanal de recherche et développement alternatif, un espace de totale liberté technologique et politique où jamais personne ne dort, l'ensemble étant relié par un réseau de communication interne autonome. Artistes numériques, bidouilleurs géniaux, défenseurs du web libre et du respect de la vie privée... la communauté du hack partage sans limite son savoir et son savoir-faire, et s'immerge dans des expériences sensorielles inédites.

Hacking workshop

Quelques exemples de technologies alternatives pour contourner celles qui nous aliènent :

■ Le Bricophone. Téléphone mobile artisanal qui permet de téléphoner gratuitement sans passer par les antennes des opérateurs commerciaux. D'un faible coût de fabrication et de consommation énergétique, il s'adresse à des communautés de moins de mille personnes situées dans une même région. L'idée originale était de relier des populations en situation de catastrophe naturelle ou de révolte, comme les Indiens d'Amazonie ou les sommets anti-G8.
Technique en open source : www.bricophone.org

■ Le TV-B-Gone. Télécommande universelle qui ne comporte qu'un seul bouton : le « off ». De la taille d'un gros porte-clé, elle s'utilise dans les lieux où le public se voit imposer la présence de télévisions allumées sans l'avoir demandé : aéroports, restaurants, vitrines de magasins...
À commander en ligne : www.tvbgone.com

■ Le Consumer-B-Gone. Créée par le collectif Al Qaddie, cette variante du TV-B-Gone a le pouvoir d'immobiliser les caddies en plein supermarché. Certains chariots sont en effet équipés d'un dispositif de blocage les empêchant de sortir de la zone de consommation. Il suffit alors, pour bloquer leurs roues, de leur faire entendre un signal spécifique à l'aide d'un téléphone portable.
Sonnerie à télécharger : www.tmplab.org

■ Le RFID-Zappeur. À construire soi-même, avec un simple appareil photo jetable, un bouton déclencheur et du fil de cuivre. Son flash génère un champ électromagnétique auquel les puces RFID ne résistent pas.
Fiche pratique : http://hackedgadgets.com

Aidons les drones à nous surveiller

Art is not dead intervient depuis 2003 sur les questions de société, notamment les processus de surveillance ou d'incitation à la consommation, mais selon une démarche très singulière. Il ne s'agit en effet ni d'un collectif militant qui introduit de la créativité dans ses actions, ni d'un collectif d'artistes qui chercherait à donner un sens militant à ses œuvres. Art is not dead est, à mi-chemin entre ces deux démarches, un groupe de créateurs qui utilisent l'outil artistique pour monter des performances filmées et amener le public à prendre du recul sur une situation sociale.

Le noyau se compose d'une peintre roumaine, Ana Banica, d'une artiste visuelle serbe, Laura Todoran, et d'un sociologue français, Olivier Peyroux. Autour gravitent, selon les projets, comédiens, graphistes, musiciens... Leurs actions font toujours intervenir les gens de la rue, que ce soit à Paris, Berlin ou Bucarest. Ou à Levallois Perret (photo), lorsqu'ils demandent aux habitants de cette ville déjà sous haute surveillance vidéo de se préparer à la présence de drones imaginaires, en retirant chapeaux, parapluies et capotes de poussettes pour mieux se laisser identifier. Réactions disparates, du « *ça ne me choque pas* » au « *c'est honteux pour la France d'avoir si peu de réflexion* ». Art is not dead apparaît aussi en marge des actions d'autres collectifs (BBA, SVEF, BAC...), jouant les contre-services d'ordre ou les mannequins sécuritaires.

« *Nous ne cherchons pas à nous opposer pour nous opposer, ni à prêcher des convaincus,* explique Olivier Peyroux. *Notre objectif est de manipuler les gens pour leur faire prendre conscience des manipulations dont ils sont victimes. Mais toujours en les faisant sourire.* »

Drones au Chaos Communication Camp.

ANONYMOUS

Des cyber-activistes à l’assaut de la secte

Voilà des activistes qui, s’ils arborent des masques en manifestation, le font autant par goût de la mise en scène que par souci d’anonymat. « Anonymous » est d’ailleurs le nom de code qu’ils se sont choisi. Car l’ennemi auquel ils s’attaquent sait se montrer redoutable : l’Église de Scientologie, reconnue comme religion outre-Atlantique mais classée comme secte en France, a acquis un pouvoir économique et politique par des méthodes de manipulation mentale que ses détracteurs considèrent comme de graves atteintes aux libertés. En France, la scientologie a été traduite à plusieurs reprises devant les tribunaux, pour escroquerie, fichage illicite ou homicide involontaire. Anonymous met également en avant plusieurs faits divers suspects : une jeune adepte norvégienne défenestrée à Marseille, un ancien RG chargé des sectes retrouvé pendu, la sœur d’un cadre scientologue séquestrée dans un cachot en Sardaigne…

Inquiets pour leur sécurité, les Anonymous préfèrent donc cacher leur visage derrière un masque. Celui du héros de la BD et du film *V comme vendetta*, lui-même inspiré du personnage de Guy Fawkes, rebelle insurgé contre la tyrannie du roi d’Angleterre au XVIe siècle. Celui aussi de Xenu, despote extra-terrestre qui, selon le credo scientologue, aurait importé sur Terre les 13 500 milliards d’aliens dont la destruction dans un volcan serait à l’origine de tous nos malheurs. Ainsi paradent-ils lors de leurs actions mensuelles, organisées le même jour dans différentes villes du monde, ou lors de « mini-raids » lancés de façon plus intempestive. De Melbourne à New York en passant par Tokyo, Oslo ou Dublin, les premières manifestations planétaires anti-scientologie rassemblaient 10 000 Anons début 2008. Munis de tracts, banderoles, mégaphones, ils se donnent rendez-vous devant les locaux de l’Église, comme le Celebrity Center à Paris, et interpellent voisins et paroissiens. « *La scientologie est une association internationale de malfaiteurs qui a pris ses quartiers dans vos quartiers. Elle organise des prisons à ciel ouvert sur le territoire national. Virez-les !* »

De l’autre côté de la rue, les scientologues ont tiré le rideau de fer et, caméra au poing, embusqués derrière les fenêtres, ne perdent pas une image de la scène. « *Ils nous attaquent, alors nous gardons des traces* » explique un membre de la secte sur le perron du QG parisien de la rue Jules-César. Si celui-ci fait mine de ne pas prendre au sérieux cette menace de carnaval, cela n’a pas empêché ses patrons de déposer plusieurs plaintes aux États-Unis. À leurs yeux, Anonymous est un groupe de cyber-terroristes.

Car outre le front de la rue, la guérilla fait aussi rage sur Internet. C’est d’ailleurs là que tout a commencé, par une vidéo sur YouTube où l’on entend l’acteur Tom Cruise, n° 2 présumé de la secte, proférer des propos dogmatiques :

« nous avons la responsabilité de dire "il faut faire comme ça" car en faisant comme ça les gens vont mieux ». Très vite, l'Église a exigé le retrait du document, destiné à son usage interne. Et l'a obtenu. Provoquant du même coup la colère d'un noyau d'internautes, qui répliquent par un 2e film. « *On vous observe depuis des années. Vos campagnes de désinformation, votre répression des dissidents, votre nature procédurière ont attiré notre attention. Anonymous a décidé que votre organisation devait être détruite.* » Tapis dans l'ombre du Web, les activistes se livrent depuis à toute une activité de hacking, consistant à perturber la communication des scientologues et à en extraire des documents pour montrer le caractère illégal de leurs agissements.

Nébuleuse informelle et sans chef, émanation typique du réseau qui présente l'avantage d'exister à la fois partout et nulle part, Anonymous réunit aussi bien des hackers que des citoyens ordinaires ou des victimes de la secte. « *Notre organisation est à 100 % l'inverse de celle de l'Église de Scientologie,* lance fièrement l'un d'eux. *Eux sont structurés de haut en bas, nous, nous sommes complètement bordéliques* ». Les témoignages montrent toutefois que, pour beaucoup, l'engagement est loin d'être le fait du hasard. Thibaut, 22 ans, connaît les « scientos » par son père depuis l'enfance. Il raconte comment il a subi « *un lavage de cerveau pendant 48 heures* ». « *Il faut adhérer à toutes leurs idées. C'est une idéologie et une pompe à fric qui vise à infiltrer le pouvoir. Après, c'est comme avec une drogue, il y a un moment où tu retombes.* » Nono la Patate, loup, masque de chirurgien et perruque sur la tête, est mobilisé quant à lui depuis 20 ans et pense être classé comme « suppressif » selon la terminologie de l'Église. Il dit avoir été plusieurs fois victime d'intimidations et d'agressions physiques. Il considère aujourd'hui deux de ses amis, qui n'ont plus le droit de lui parler, comme « *prisonniers de la secte* ». Une troisième serait morte « *dans des conditions mystérieuses* ».

Sous des atours festifs et bon enfant, sous l'apparente innocuité du Web où le combat se livre, les nouvelles tribus militantes se frottent à des cibles périlleuses et surtout inédites, où la menace sur les libertés se situe cette fois ailleurs que dans la puissance économique ou étatique. ■

Devant le QG de la Scientologie à Paris, juillet 2008.

TAPAGE CHEZ LES MAL-LOGÉS

La mairie du IIIe à Paris. Son architecture néo-classique. Ses marbres et colonnades. Ses plafonds à caissons décorés de bas-reliefs, de moulures, de corniches. Tout un décorum à la gloire des valeurs républicaines de Justice et d'Égalité, pour un édifice surgi au milieu des grands travaux urbanistiques du préfet Haussmann. Travaux qui, déjà, visaient à chasser la populace des boulevards. Un siècle et demi plus tard, la populace est de retour. Elle est revenue par un tranquille après-midi d'hiver troubler le doux ronron de l'activité bureaucratique municipale. Elle a d'abord gravi au compte-goutte l'escalier d'honneur, comme si de rien n'était. Puis voilà qu'à coups de poêles et de casseroles, de youyous et de slogans assourdissants, un inattendu brouhaha se met en branle depuis le péristyle. Il se répand dans les couloirs, les bureaux, gagne le cabinet du maire, la salle des mariages. Les fenêtres sont ouvertes une à une et le mégaphone s'égosille sur la ville. « *Un toit, c'est un droit !* », « *des logements pour tous !* ».

Il y a là Hakim, chef de rang en restauration, en foyer depuis six ans suite à une maladie et une séparation. « *Même quand je travaillais, je n'ai même pas pu obtenir un studio, car avec 1 000 euros par mois je ne gagnais pas assez* ». Il y a Khedim, maçon en CDI, à l'hôtel depuis quatre ans dans la banlieue nord, alors que ses enfants dorment la semaine chez des amis dans le centre de Paris où ils sont scolarisés. Il y a aussi Daby, expulsé de son appartement pour avoir participé à une grève de travailleurs sans-papiers. Depuis, il est aussi en CDI, paye ses impôts, mais les mairies et les agences ne lui trouvent plus de logement. Tous ont rejoint le Collectif des mal-logés en lutte, en espérant que la méthode du groupe aidera à fluidifier pour eux l'embolie des services sociaux.

Car après la phase 1 du tohu-bohu, exposition abrupte et métaphorique du problème par le son et l'image, vient la phase 2 de la négociation. Les occupants de la mairie demandent à être reçus en délégation. Ils présentent une liste de noms en attente de relogement dans l'arrondissement et exigent qu'elle soit faxée sur le champ au préfet et au maire de Paris, avec accusé de réception. À défaut de quoi ils promettent de poursuivre l'occupation jusqu'à être évacués par les forces de l'ordre – forme d'épilogue qui clôt quelquefois les actions dans certaines mairies. Lors de l'entrevue, le représentant de la municipalité essaye d'expliquer que les attributions ne relèvent pas de sa responsabilité, mais d'une commission spéciale, formée d'élus, d'associations... En réponse, une déléguée du collectif résume à sa façon ce dont il retourne : « *On est fatigués ! Huit ans d'hôtel avec des enfants, ce n'est pas normal. Il y a des cafards, des souris, et en plus je suis malade !* » Le fax partira dans la demi-heure et chacun rentrera chez soi. Ou plus exactement dans l'hôtel miteux qui en fait office.

Le Collectif des mal-logés en lutte organise ainsi chaque semaine des occupations de locaux pour faire pression sur les pouvoirs publics. Il privilégie mairies, préfectures, bailleurs sociaux et autres organismes attributaires, en prenant soin de toujours changer de cible pour éviter qu'on n'anticipe leur arrivée. À l'origine du projet : Myriam, étudiante en philosophie. À cause d'un retard dans le versement d'une bourse, elle s'est un jour retrouvée expulsée du 15 m^2 qu'elle partageait avec deux autres personnes. Elle a commencé par lancer des appels dans son quartier afin de rassembler un maximum de gens dans la même situation, l'idée étant de les amener à se prendre en main, contrer la pesanteur des mécanismes officiels, « *devenir acteurs de leur propre*

Tintamarre du Collectif des mal-logés en lutte devant la mairie du XVIIIe. Paris, février 2009.

démarche ». Elle a ainsi pu mesurer l'ampleur des dysfonctionnements et des désespoirs qu'ils suscitent. « *Ce qui nous motive, ce n'est pas seulement la situation des individus, c'est aussi cette logique d'attribution qui fait qu'avec trois SMIC on a plus de chances d'avoir une place en HLM que si on gagne moins.* »

Avec Pascal, employé au service du logement à la Ville de Paris, Myriam fait partie des réguliers du collectif. Sachant que la plupart des autres s'en éloignent sitôt qu'un relogement leur est proposé. Souvent, l'attitude des pouvoirs publics consiste d'ailleurs à repérer les éléments les plus fidèles et à les reloger pour les sortir du groupe. « *Ils ne cherchent pas à nous faire des cadeaux,* estime Pascal, *mais à se débarrasser du problème que nous construisons.* »

Quelles que soient les arrière-pensées, la méthode a donc le mérite d'être opérante sur le plan du court terme et du cas par cas. Mais elle l'est aussi sur le plan du symbole. Tous les collectifs de mal-logés agissent ainsi sur les deux tableaux : d'un côté, leur action apparaît comme une tentative de couper la file d'attente ; d'un autre, elle permet de sortir le mal-logement de l'invisibilité et montrer que la file d'attente a cessé de fonctionner.

Rendre la détresse visible

La question de la visibilité est au cœur de toutes les luttes en faveur des mal-logés et sans logis. Comment rendre visible une réalité qui se cache derrière les murs des hôtels, des foyers d'hébergement, des chambres de bonne qu'on sous-loue à prix d'or ? Une réalité que l'épuration sociale des centres-villes a reléguée dans les zones blanches des périphéries et sous le pont des rocades autoroutières. L'insupportable régression que constitue le creusement des inégalités sociales, les situations d'indigence qui s'installent sournoisement dans un pays dont le revenu national, quoi qu'en laisse accroire le chiffon rouge de la récession, n'a cessé d'augmenter, la résurgence de phénomènes caractéristiques des économies en voie de tiers-mondisation..., les signes d'un dérèglement du système sont manifestes. Et la crise du logement en est l'aspect le plus invasif et le plus destructeur socialement et psychologiquement. Elle agit de surcroît à tous les niveaux de la société, selon un mécanisme implacable de réactions en chaîne : la spéculation immobilière fait grimper les loyers au point de rendre impossible à Paris l'accès au logement privé avec un salaire minimum ; il en découle des situations d'exclusion face auxquelles les services sociaux ne

Canal Saint-Martin, Paris, janvier 2007.

jouent plus leur rôle. Les structures d'hébergement, saturées et sclérosées, ne permettent plus aux populations fragilisées d'accéder à des solutions de relogement pérennes. En même temps, elles laissent à leurs portes toute une population de parias contrainte à aller dormir dans la rue, dans les bois, les parkings, les halls d'immeuble, une population définitivement vouée à vivre en marge.

Malgré la débâcle du système, les pouvoirs publics continuent d'affermir les valeurs qui le régissent. Ils préfèrent recourir aux solutions de traitement par l'urgence qui aboutissent, par exemple, à des aberrations telles que la fuite en avant de l'hébergement en hôtel. Le budget hôtellerie de l'État destiné à l'hébergement d'urgence est en effet passé de 10 à 120 millions d'euros entre 2000 et 2005. Alors qu'il est censé n'être qu'une étape transitoire vers un quotidien stable, l'hôtel est devenu un lieu de relégation pour la misère des grandes villes.

Une fois de plus, les collectifs qui se sont multipliés dans ce contexte de précarisation grandissante ne veulent pas proposer de recette économique globale. Ils exigent simplement des pouvoirs publics des mesures précises sur le court et le long terme. « *Si on voulait se mettre d'accord sur un projet global, on n'y arriverait pas, chacun a ses idées* », reconnaît Leïla, du collectif Jeudi Noir. Alors, chacun s'attachant à l'un ou l'autre des maillons de la crise, et donc à l'une ou l'autre des populations concernées, ils organisent des actions médiatiques pour rendre visible les situations et interpeller l'opinion et les politiques.

Tous sont à leur manière les héritiers de l'abbé Pierre, ce prêtre révolutionnaire qui combattit sa vie durant pour faire du logement un droit pour tous. Par son vibrant appel lancé à la radio à l'hiver 1954, il avait suscité un élan de solidarité considérable, qui déboucha notamment sur l'interdiction des expulsions en période hivernale. 40 ans après, c'était au tour de l'association Droit au logement (DAL) de favoriser la prise en compte de l'exclusion dans les politiques publiques. Campements, occupations, réquisitions, manifestations..., ses opérations ciblées se sont traduites par de fortes mobilisations médiatiques. Lors de la première, fondatrice, en 1990, 48 familles expulsées d'un squat avaient campé quatre mois dans la rue jusqu'à être relogées, après désignation d'un médiateur par le gouvernement.

Avec une trentaine de comités en France, des centaines d'actions à son actif, des milliers de familles rendues à leur dignité, le DAL se pose aujourd'hui comme l'association la plus expérimentée et la plus reconnue sur la question du logement. Ce qui ne l'a pas empêché de se voir infliger fin 2008 une amende de 12 000 euros par le tribunal de police de Paris. Dans la qualification de l'infraction, des tentes de SDF étaient considérées comme des « *objets embarrassant la voie publique sans nécessité* ».

Les tentes des Don Quichotte

De tentes, il en est aussi beaucoup question en ce Noël 2006, où les Enfants de Don Quichotte occupent le devant de la scène médiatique. Dans la nuit du 15 au 16 décembre, quelque 200 tentes sont dressées le long du canal St-Martin à Paris à l'initiative d'un groupe de citoyens qui a décidé de fédérer les sans-abri et de partager leur quotidien. Le campement, devenu le lieu d'une nouvelle résistance, reçoit la visite de personnalités du spectacle et de la politique. Il donne naissance à d'autres villages de toile dans les villes de province. Une charte est promulguée le 25 décembre qui exige l'accès de tous les sans-abri à des structures d'hébergement décentes, ouvertes 24h/24, et au-delà à un logement durable.

Cette opération médiatico-militante est probablement la plus retentissante des années 2000. À travers une image simple et forte – l'alignement de tentes au cœur de la ville – un pan entier de la misère moderne fait irruption dans le paysage du quotidien. L'image n'est ici ni fiction, ni représentation. Elle est la concentration fabriquée d'une réalité. Une réalité que chacun connaît pour la frôler chaque jour dans la rue, et s'en sentir potentiellement à sa merci (un Français sur deux redoute de se retrouver un jour SDF), mais qui reste diffuse, enfouie sous les impuissances. En outre, le choix de vivre au plus près des sans-abri permet une mise à jour de cette réalité dans ce qu'elle a de plus trivial, de plus intime, de plus universel. Elle devient une réalité incarnée et donc indiscutable.

Les animateurs des Don Quichotte connaissent bien les mécanismes qui régissent les images, la puissance des médias, leur impact sur les esprits. Ils n'ont aucun scrupule à en jouer, dès lors qu'ils peuvent faire avancer une cause qui le justifie. Parmi eux se trouvent trois frères dont le métier est précisément de jouer avec les images : Augustin (comédien), Jean-Baptiste (producteur) et Joseph Legrand. « *Il suffit juste de prendre la parole, mais en étant stratégique,* affirme Augustin Legrand, fondateur de l'association. *Nous voulons créer un rapport de forces et pousser le plus fort possible en utilisant des armes, comme par exemple le cinéma, afin de faire naître un débat autour duquel toutes les personnes concernées vont se positionner. Et nous proposons ces armes à des gens qui n'en peuvent plus, des gens dont on ne parle jamais, sauf en hiver.* » Augustin Legrand ira un jour jusqu'à plonger nu dans la Seine, avec le but assumé de faire parler des sans-abri. On le verra aussi en 2008 au festival de Cannes défendre son documentaire *Enfants de Don Quichotte*, autre manière de prolonger la lutte.

Au début du mouvement, la stratégie commence à payer. L'État lance un plan d'action en faveur des sans-abri pour améliorer les conditions d'hébergement (PARSA), le président Chirac annonce dans ses vœux l'instauration d'un droit au logement opposable qui se concrétise par une loi (DALO). Depuis, tout sans abri à qui aucun logement n'est proposé a la possibilité de saisir la justice. Mais dans la réalité, faute d'accompagnement des bénéficiaires potentiels, cette loi reste inappliquée. De même, les places d'hébergement et les mises en chantier de logements sociaux restent très insuffisantes. Quant aux promesses du candidat Sarkozy, qui s'était engagé à ce que « *plus personne ne soit obligé de dormir dehors* », elles s'effacent derrière une politique particulièrement musclée : évacuation sans délai et sans ménagement des 250 tentes que les Don Quichotte installent devant Notre-Dame de Paris en décembre 2007. En avril 2009, c'est au Taser que sont délogés les sans-abri de Strasbourg.

« *Il y a eu une volonté politique en réponse à un coup de feu médiatique, mais le travail de fond que nous demandions n'a pas eu lieu* », déplore Augustin Legrand. C'est pourquoi, deux ans après le camp du canal Saint-Martin, il lance une nouvelle grande opération de mobilisation citoyenne sous la forme d'un « tour de France du mal-logement », relayé par Twitter et site interactif. « *Il faut communiquer au maximum pour que les gens comprennent qu'on réclame une vraie rupture. À un moment, on sera entendus. Car nous savons qu'il existe des leviers pour mettre en place un plan de grande envergure sur le logement et l'hébergement.* »

Dans le même temps, et sur un même créneau que les Mal-logés en lutte, plusieurs autres collectifs informels se sont mis en mouvement dans la capitale. L'un d'eux, dit « des Mal-logés en colère », choisit d'occuper le siège des aménageurs, des promoteurs ou des banques, comme Dexia, ou force les barrières à l'inauguration de Paris-Plage pour aller parler en personne avec le maire de Paris. De l'audace sur tous les fronts, donc. Mais c'est dans la détresse qu'il faut aller en chercher les ressorts. Comme le confiait un militant des Mal-logés en lutte : « *Quand on a compris qu'on est seul dans la rue, qu'il n'y a personne pour vous sauver, on n'a plus honte de rien !* »

Campement installé par les Enfants de Don Quichotte le long du Canal Saint-Martin. Paris, décembre 2006.

Augustin Legrand devant les médias.

Irruption de Jeudi Noir
dans les locaux
d'un collecteur de fonds
du 1 % logement.
Paris, juillet 2008.

Pass-Travaux
valiance

Galériens du logement

Mais le collectif le plus emblématique de sa génération reste sans doute Jeudi Noir. Son angle d'attaque : la galère que connaissent les étudiants et les jeunes actifs pour trouver et assumer une location à Paris. Cette problématique nouvelle se traduit par un parcours du combattant qui commence le jour de parution du journal d'annonces *Particulier à particulier*, en l'occurrence le jeudi, d'où le nom de Jeudi Noir. Référence aussi au krach boursier de 1929 dont les militants appellent de leurs vœux une réédition pour l'immobilier. « *Les visites collectives d'appartements à louer sont de vrais marathons,* enrage Claire, *c'est tout juste si on ne se fait pas des croche-pieds dans l'escalier. Le propriétaire est roi et nous, on est en train de pleurer au téléphone* ».

Conférence de presse de Jeudi Noir au Salon de l'immobilier.

Claire est une jeune maman de 24 ans, mariée et étudiante en 5e année de littérature comparée. Elle est assise dans un café parisien, à côté de son amie Leïla, même âge, diplômée de science politique, et rien n'indique dans leur apparence ou leur CV une quelconque appartenance à la classe défavorisée. Pourtant, à entendre leur récit, leur situation relève bien d'une « nouvelle forme de pauvreté », où l'on enchaîne les périodes de chômage et de CDD, où les loyers, devenus prohibitifs, absorbent l'essentiel des salaires. « *On aimerait juste pouvoir s'assurer un logement normal : 20 ou 25 m² pour un célibataire* », demandent les jeunes femmes. Alors on se débrouille en se faisant héberger chez les parents, les amis. Ou en posant sa couche dans un squat.

À cause de cette sociologie inédite de militants jeunes, diplômés, parfois issus des beaux quartiers, on a vu poindre çà et là la tentation de réduire Jeudi Noir à un combat de seconde zone, une résistance d'enfants privilégiés. Mais les intéressés refusent de se laisser entraîner dans cette concurrence des luttes. « *La crise du logement ne concerne pas que les SDF,* se défend Leïla. *Il y a bien sûr toujours plus mal loti que soi. Mais on n'est pas là pour se tirer dans les pattes. On est tous dans un même sac qui s'appelle la crise du logement.* » Ce que dénonce Jeudi Noir, c'est une fracture générationnelle. C'est une bulle spéculative qui organise le transfert des richesses des jeunes vers les propriétaires. C'est le scandale des 136 000 logements vides à Paris. C'est un système qui permet seulement aux classes aisées de s'en sortir. Et ce qu'il réclame, ce sont des mesures « *qui coûtent zéro euro* » : gel des loyers, application des lois SRU[1] et de réquisition, de la taxe sur les logements vacants, modulation de la taxe d'habitation... Pour cela, le collectif va jusqu'à rédiger les amendements des parlementaires.

Quant à ce qui fait le succès du collectif, un cas d'école pour notre sujet, c'est avant tout le caractère festif et léger de ses modes d'intervention, en décalage complet avec le sérieux de la situation, mais que la détresse relative des protagonistes autorise plus aisément que dans d'autres catégories sociales. Apparu le 24 octobre 2006, jour anniversaire du célèbre jeudi new-yorkais, Jeudi Noir s'est d'abord illustré en se « tapant l'incruste » dans les visites d'appartements à louer pour y faire la fête. Chaque semaine, les militants repéraient les annonces les plus symptomatiques de la crise, genre chambre de bonne à 600 euros avec WC sur le palier, et déboulaient avec cotillons, mousseux, déguisements flashy et disco à pleins watts. Les journalistes étaient naturellement de la partie.

Des membres de Jeudi Noir se sont également invités sur le même mode dans les agences immobilières ou au Salon de l'immobilier pour interpeller les professionnels sur la hausse des prix. Ils sont allés défiler devant le ministère du Logement déguisés en travestis et proxénètes, manière de dénoncer une situation de loyers tellement élevés qu'elle pousse certains jeunes à se prostituer en échange d'un logement. Ils ont infiltré la conférence de presse d'un ministre en se faisant passer pour journalistes et, caméra cachée, le contraignent à s'engager sur un rendez-vous.

Culot, provoc' et confettis. Du pain béni pour les médias. Et sur le site du collectif, les liens de la rubrique « dossier de presse » se comptent par centaines.

[1] Obligation pour les communes de disposer de 20 % de logements sociaux.

Paris, Les Invalides, février 2009.

Disco King, mascotte de Jeudi Noir,
au Salon de l'immobilier.
Paris, mars 2007.

Moins insolites mais tout aussi spectaculaires sont les réquisitions dont Jeudi Noir, seul ou associé, s'est fait l'exécutant et le metteur en scène. Par ces occupations, il entend appliquer une loi sur la réquisition que les pouvoirs publics refusent de mettre en œuvre, préférant laisser filer la spéculation. En 2007, en pleine période électorale, Jeudi Noir, DAL et Macaq (association culturelle de quartier) investissent un immeuble haussmannien de six étages rue de la Banque à Paris, face à ce temple historique de la spéculation qu'est le palais Brongniart. L'immeuble, vide, qui appartient à une grande banque française, est mis à disposition des mal-logés : familles soutenues par le DAL, étudiants et jeunes actifs précaires. Les associations y établissent leur siège. Baptisé ministère de la Crise du Logement, il devient le QG d'une nouvelle bataille, à la fois lieu de vie et de militantisme, auquel les candidats (de gauche) à la présidentielle réservent des visites de campagne.

Après l'élection, l'ambiance a quelque peu changé. Les tentes installées dans la rue sont évacuées à plusieurs reprises par les CRS. Mais un accord est finalement trouvé avec la mairie, qui s'engage à racheter le squat pour y faire des logements sociaux.

Jeudi Noir prend ensuite possession d'un immeuble de 3 800 m² classé monument historique boulevard Montmartre, la société propriétaire, adepte des ventes à la découpe, l'ayant vidé de ses habitants, coupables à son goût de payer des loyers trop peu élevés. Le collectif réquisitionne aussi un bâtiment du CROUS en plein Quartier Latin, à l'abandon sous prétexte de travaux, et y accueille en conférence de presse l'ex-leader de Mai-68, Daniel Cohn-Bendit. À chaque action, un message subliminal à contenu variable : ici, sur la logique d'éviction des classes populaires hors de la capitale ; là, sur la misère en milieu étudiant et le ferment de révolte qu'elle recèle encore.

Grâce aux réquisitions, en plus du coup médiatique, des militants trouvent aussi à se loger de manière provisoire. Mais au prix d'un séjour houleux. De squat en squat, certains ont vécu jusqu'à trois expulsions par les CRS. Frédérique, l'une des dernières squatteuses de la rue de la Banque, s'est même vue dépouiller de tous ses biens personnels. « *Ils ont tout jeté à la benne, j'ai perdu toutes mes affaires, 27 ans de ma vie* », raconte cette ancienne de Science po Toulouse, venue passer à Paris les concours de la fonction publique. « *Depuis cette expérience, chaque nuit à 5 heures, je suis sur le qui-vive* ».

Mais le sentiment général qui se dégage d'une rencontre avec Jeudi Noir est celui que résume Claire : « *prendre son plaisir en militant* ». Et surtout loin des logiques de sacrifice et d'institutionnalisation, complète Leïla. « *Voter pour savoir s'il faut imprimer 1 000 ou 2 000 tracts, si on se place dans le cortège devant la LCR ou la CGT, ce sont des débats que l'on ne veut pas avoir* ». Leïla appartient pleinement à cette génération de la militance zapping. Aujourd'hui à Jeudi Noir, elle était hier à Génération précaire et lancera demain l'Appel et la Pioche. Mais dans chacun de ses engagements, elle suit le même fil rouge : l'envie de construire une société plus juste et plus humaine. ■

Prenant de court la police par une manœuvre de diversion, la troupe du Jeudi Noir réquisitionne en novembre 2008 un immeuble vide de 6 000 m² dans le XVIe arrondissement de Paris. Le propriétaire, le groupe d'hôtellerie de luxe Costes, y avait fait défoncer les planchers pour dissuader les éventuels squatters.

JEUDI
NOIR

RÉGULATION
JEUDI NOIR
RÉQUISITIONNER
PRÉEMPTER

CHANGEMENT DE PROPRIETAIRE

La Marianne au pied de biche, logo du ministère de la Crise du Logement. Paris, place de la République, mars 2009.

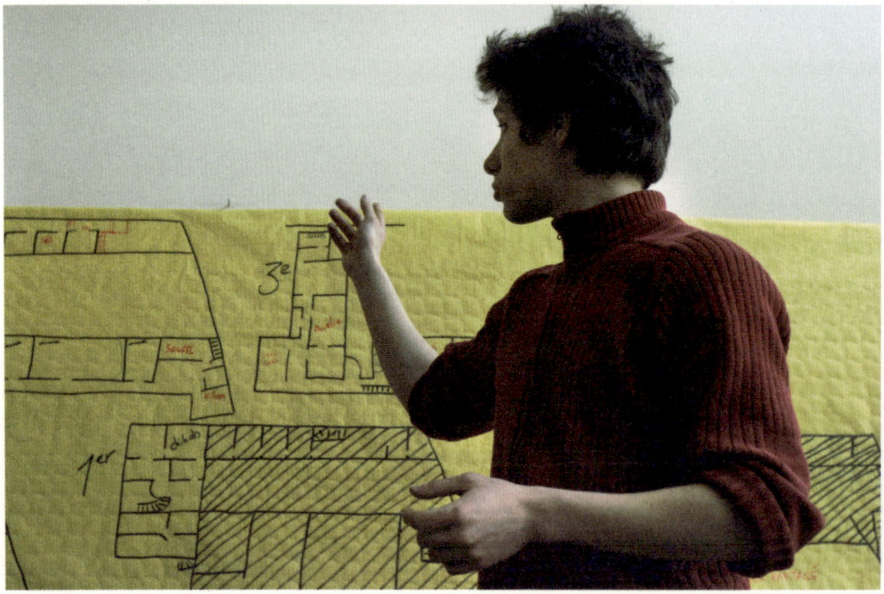

Conférence de presse à l'Impasse. Livré aux squatteurs depuis dix ans, cet immeuble parisien est investi en mars 2008 par Jeudi Noir, qui veut en faire un « squat modèle ». L'équipe est expulsée deux mois après, malgré le soutien des élus.

Pendant plusieurs nuits, muni de cannes à pêche, Jeudi Noir arpente les rues de Paris pour accrocher des écriteaux sur les façades des immeubles à réquisitionner (décembre 2008).

Action devant
le siège du CROUS.
Jeudi Noir demande
l'ouverture d'un débat
sur le logement étudiant
(Paris, novembre 2007).

Après une intrusion festive
dans un appartement privé,
les militants de Jeudi Noir
balayent leurs confettis,
sous l'œil amusé du propriétaire.

Visite de Daniel Cohn-Bendit
au squat de la rue de la Harpe, dans le
Quartier Latin, en février 2009.

Cérémonie d'indignation organisée devant la Bourse par Jeudi Noir et la Révolution Douce,
« en déshonneur de la faillite capitaliste ». Avec bataille de pavés en mousse pour clôturer l'événement. Paris, novembre 2008.

Bloqués sur la chaussée par un cordon de CRS, les membres de Jeudi Noir improvisent entre deux actions une séance de pose. Paris, février 2009.

Les masques blancs de la précarité

Dans les manifestations de la rentrée 2005, d'énigmatiques masques blancs se détachent des cortèges. Ce sont les stagiaires en colère de Génération Précaire. Porté d'abord pour ne pas être reconnu des employeurs, le masque est vite devenu le signe distinctif de ce jeune collectif, né d'un appel lancé sur le Net. Il a permis de sortir de l'ombre une réalité méconnue du monde du travail, l'existence d'un sous-salariat de jeunes diplômés qui enchaînent stage sur stage sans parvenir à se stabiliser dans un emploi rémunéré. Une armée de réserve où les entreprises, sous couvert de formation professionnelle, trouvent à puiser une main d'œuvre gratuite ou sous-payée, renouvelable à l'infini.

« *Nous avons créé Génération Précaire parce que les syndicats n'avaient pas fait leur boulot* », rappelle Julien, 28 ans, à l'origine du mouvement (avec d'autres acteurs qu'on retrouve ensuite dans Jeudi Noir, sur des problématiques similaires). La mobilisation a été assez saillante pour que, dès le début, le gouvernement accepte de recevoir une délégation et fasse voter une loi. Depuis, les stages sont certes mieux encadrés et doivent être gratifiés d'une rémunération plancher. Mais le problème de fond demeure. Le nombre total des stages en France serait passé, selon Julien, de 800 000 à 1,2 million en quatre ans. « *Et ceux qui se développent sont ceux de longue durée, c'est-à-dire ceux qui prennent la place des vrais emplois* ».

Les masques blancs sont donc restés sur les visages. Et le théâtre de leurs interventions s'est diversifié. Certains après-midi, ils embarquent les journalistes dans la tournée des magasins. Cible type, repérée dans les petites annonces : une boutique de luxe du quartier Saint-Germain, marque du groupe LVMH, qui cherche une stagiaire « *avec connaissance d'une langue rare* » pour effectuer un travail de vendeuse pendant un an. Ophélie, 25 ans, fait partie de l'équipée. Elle avance avec son masque pour postuler à l'annonce, et son cas est éloquent : diplômée IEP, russophone, spécialiste du droit international de la propriété intellectuelle, elle a déjà effectué deux années de stages, dont un en Russie, pour lequel elle a dû contracter un emprunt. « *Je ne demande même plus à travailler dans ma branche,* se résigne-t-elle aujourd'hui. *Je suis prête à être vendeuse, mais même les petits boulots deviennent des stages. Nous n'avons plus d'autre choix que d'être assistés.* »

L'APPEL ET LA PIOCHE

Grignotage sauvage au supermarché

… Où l'on reparle de Leïla. La jeune activiste de Jeudi Noir et de Génération précaire a décidé de se lancer dans une nouvelle forme d'action, toujours en phase avec le thème de la précarité, mais dans le cadre cette fois d'un parti politique. Avec d'autres militants issus des luttes de précaires, elle a créé en 2008 un comité au NPA (ex-LCR), baptisé l'Appel et la Pioche, qui organise des « pique-niques de faim de mois » dans les supermarchés. Un scénario désormais rodé. Le lieu du rendez-vous est dévoilé le matin par SMS. Les journalistes entrent d'abord dans le magasin en se faisant passer pour des clients, tandis que les activistes remplissent les caddies. Puis, au signal, une nappe est déroulée en musique sur une table de jardin ou une planche à repasser. Les victuailles sont disposées dessus. La redistribution peut commencer. Fromages, jus de fruit, biscuits, légumes..., la clientèle est invitée à se servir, à « *récupérer son pouvoir d'achat* ». Enfin, quand la police débarque, le groupe quitte tranquillement le magasin.

« *Nous voulions participer à la construction du NPA, mais à notre manière,* explique Leïla, *faire en sorte que le parti s'imprègne des nouvelles pratiques militantes* ». La proposition n'est évidemment pas allée sans susciter de résistances. Vis-à-vis de certains trotskistes « *qui seraient plutôt du genre à rester devant le supermarché pour distribuer des tracts », il y a eu comme un « choc des cultures »*. Déjà, le choix du nom, l'Appel et la Pioche, une « *provoc' pour montrer qu'on voulait enterrer la faucille et le marteau* », pouvait aisément être perçu comme une concession réformiste. « *Au début, on nous a dit qu'il était hors de question de faire ça,* se souvient Leïla. *Aujourd'hui, on voit des militants qui ont trente ans de LCR rejoindre nos actions.* »

Exit donc pour ce collectif le principe affiché d'indépendance à l'égard des partis. L'Appel et la Pioche s'assume clairement comme un groupe d'extrême gauche, dont les membres sont tous adhérents d'un même mouvement politique. Sauf que l'action y prend le pas sur la théorie et laisse en arrière-plan les identités d'appareil. Le discours se résume en quelques formulations rapides, sur la baisse du niveau de vie, la répartition injuste des richesses, les marges excessives de la grande distribution... En même temps, le parti trouve dans l'Appel et la Pioche un nouveau vecteur pour diffuser son message.

La méthode du collectif rejoint aussi celle, plus ancienne, pratiquée par les autonomes dans les années 1970 et qui a ressurgi fin 2008 en France : l'autoréduction. Cette forme de lutte consiste à s'accorder une baisse de prix, pour soi-même ou pour un groupe, afin de compenser une augmentation que l'on juge injuste ou excessive, ou récupérer ce dont on considère que le capitalisme nous prive ou qu'il nous vole (transport pour aller au travail, loisirs, alimentation de qualité...). L'Italie a ainsi connu des mouvements de masse où les abonnés recalculaient le montant de leurs factures d'électricité. Tandis qu'à Paris, les autonomes faisaient entrer les usagers gratuitement dans le métro.

Trente ans plus tard, l'autoréduction est de retour. À Rennes, Grenoble ou Paris, à la veille des réveillons, les caissières de supermarchés voient arriver des militants, le caddie plein, qui refusent de payer. Pour éviter l'intervention policière et le blocage des caisses, donc une perte d'image et de chiffre d'affaires, on les laisse repartir. La nourriture est ensuite distribuée dans la rue aux chômeurs et aux sans-abri. Les autonomes des années 1970 parlaient pour ces méthodes de « communisme immédiat ». Les militants de 2008 parlent de réquisition en contexte de crise, « *pour permettre aux précaires de fêter le Nouvel an dignement* ».

La différence avec l'Appel et la Pioche réside toutefois dans le fait que Leïla et ses camarades repartent toujours du magasin les mains vides. Le prélèvement sur les produits s'effectue à l'intérieur, et reste avant tout symbolique. « *On sait qu'on est dans l'illégalité,* admet Leïla. *Mais les clients*

Redistribution dans la grande distribution.
Les nouveaux précaires affamés procèdent
à un carottage en règle sur les marges d'un supermarché
(Pantin, janvier 2009).

voient bien qu'on n'est pas des pillards ». Les interventions du collectif sont en effet très populaires, et ne suscitent guère que des réactions de sympathie et de solidarité. Des caissières ont même été vues en train d'applaudir. Tandis que sur le plan judiciaire, aucune condamnation n'a été prononcée. Paradoxalement, à travers un acte de désobéissance illégale, les thèses d'un parti d'extrême gauche en arrivent à recueillir une adhésion implicite plus large que leur audience dans les urnes. ■

BARBOUILLEURS, DÉBOULONNEURS ET CASSEURS DE PUB

Le dernier vendredi de chaque mois, le scénario se renouvelle à l'identique. Ils arrivent par petites grappes sur le lieu du rendez-vous, en citadins ordinaires. L'un d'eux prend la parole et explique au mégaphone les motivations du geste qui va être commis. Suivent quelques consignes d'usage : ne pas empêcher la circulation des piétons, ne pas insulter la police, ne pas s'opposer aux arrestations. Puis, tranquillement, au son de l'accordéon qui quelquefois l'accompagne, le groupe s'achemine vers sa cible : le panneau publicitaire.

Comme à chaque opération, la police est présente en masse (trente hommes et cinq fourgons pour une demi-douzaine de personnes armées de simples stylos-feutres est un ratio couramment observé). Les médias aussi, y compris étrangers. Et comme négocié au préalable, les forces de l'ordre patientent quelques minutes le temps que les slogans soient tracés sur les affiches : « Pourquoi tant de laideur ? », « La pub pollue nos rêves », « Légitime réponse ». Les activistes se laissent enfin docilement fouiller et embarquer au poste. Applaudissements des badauds. Rendez-vous dans un mois. Ou au prochain procès.

Ce scénario original est signé des Déboulonneurs. Comme les Faucheurs qui ne fauchent pas mais arrachent les OGM, les Déboulonneurs ne déboulonnent rien, sinon symboliquement le système publicitaire de son piédestal. Ils barbouillent. Et tandis que d'autres anti-pubs préfèrent œuvrer dans l'ombre, eux le font au grand jour. Journalistes, autorités publiques et passants sont délibérément pris à témoin. Le but du jeu étant de se faire interpeller par la police, en l'espèce pour « dégradation volontaire du bien d'autrui en réunion », et d'utiliser l'audience au tribunal pour exposer ses thèses. Si, eu égard à l'extrême modicité des dégâts, les procès se soldent le plus souvent par des amendes symboliques, les militants ont l'avantage d'y disposer d'une tribune libre où peuvent être dénoncés pêle-mêle la privatisation rampante de l'espace public, le non respect des libertés individuelles, le diktat sexiste imposé par la publicité. Où même la justice en arrive à admettre dans ses attendus que « *le risque environnemental, social et sanitaire de l'affichage publicitaire est sous-évalué* », ce qui pour eux constitue déjà un début de victoire.

Dans leur argumentaire, les Déboulonneurs insistent avant tout sur la liberté de réception, indissociable de la liberté d'expression. Partant du principe que nul ne peut être contraint d'entendre, de voir ou de lire un message contre son gré, la liberté d'expression revendiquée par les afficheurs et les marques ne doit pas selon eux prendre le pas sur la liberté de celui qui reçoit le message. « *Notre combat n'est pas d'interdire les échanges dans la société,* rappelle le Déboulonneur Alexandre Baret. *Il est normal qu'il existe une information commerciale, mais il ne faut pas qu'elle soit imposée. Or, à la différence de la télé, de la radio ou de la presse, il n'est pas possible dans la rue de se soustraire à l'agression publicitaire.* » D'où l'idée de légitime réponse dans l'acte de barbouillage. D'où cette revendication très concrète d'une réduction des formats d'affichage à 50 x 70 cm maximum.

Action publique du collectif des Déboulonneurs. Paris, juin 2008.

Mais derrière un acte et une revendication qui pourraient presque paraître anecdotiques se cache une critique plus globale du système publicitaire. Un système qui muselle les médias, pénètre dans les écoles, organise le pillage des ressources et la débauche inconsidérée du processus de production-consommation. Se cache aussi un ras-le-bol généralisé qu'expriment aussi bien les sondages (79 % des Français jugent la publicité envahissante, selon une enquête Ipsos/Australie de 2007) que les gens dans la rue. « *J'ai beaucoup d'admiration pour eux,* s'enthousiasme Arlène, Parisienne de 63 ans, au passage des Déboulonneurs. *Le monde est en train de devenir beaucoup trop matérialiste* ». Et lorsqu'il décrit l'impression de saturation qui l'a poussé vers la lutte anti-pub, Alexandre Baret atteste du même ras-le-bol : « *Un jour, dans le métro, j'ai réalisé de façon viscérale, comme si j'avais pris la pilule dans Matrix, qu'il y avait de la pub partout et que les gens autour ne la voyaient pas, comme quelque chose que je savais déjà mais que mon corps comprenait pour la première fois* ».

Consensuelle, la cause des anti-pubs réussit même à faire des émules côté police. « *Si je n'exerçais pas ce métier, je vous soutiendrais !* » a un jour entendu un Déboulonneur de la bouche d'un policier lors d'un contrôle. Un commissaire aurait également envoyé une lettre de soutien.

Les publicitaires ont en tout cas réussi à mobiliser contre eux assez d'exaspération pour que les actes de barbouillage ne soient même plus considérés comme du vandalisme. Un capital de sympathie dont jouissent les activistes jusqu'au poste de police. Dès lors que, précise toutefois Alexandre, « *nous reconnaissons nos actes, nous faisons preuve de courtoisie* » et que « *les policiers sont informés à l'avance sur le sens de nos actions... Sinon ça peut être musclé !* ».

Pub/anti-pub : un combat inégal

La prolifération publicitaire est probablement l'aspect le plus tangible dans la transformation du réel à l'ère de la consommation et de la communication de masse. La publicité extérieure est devenue la marque du nouveau siècle, comparable aux cathédrales de l'Europe gothique ou aux images de propagande des grands systèmes totalitaires du siècle dernier. Totalitaire, tel est d'ailleurs cet univers que la publicité contribue à instaurer dans nos démocraties, dans la mesure où elle s'immisce dans tous les lieux et tous les moments de l'existence pour imposer un mode de vie et de pensée standardisé,

Les forces de police assurent une protection toujours très active du système publicitaire. En attestent les effectifs disproportionnés mobilisés lors des opérations anti-pub (action des Déboulonneurs, Paris, octobre 2008).

Page de gauche : pour atteindre les affiches les plus hautes, certains ont mis au point un mécanisme de bombes fixées sur perches. Les militants interpellés, ici à l'intérieur du véhicule de police, affichent sans réserve leur identité (Paris, mai et septembre 2007).

tourné vers l'hégémonie des marques et la croyance aveugle dans les bienfaits de la croissance et de la consommation. La toute puissance de l'État national est détrônée dans ses représentations symboliques par la toute puissance de l'économie marchande globalisée. L'injonction politique à obéir est suppléée par l'injonction économique à consommer.

Le phénomène est particulièrement prégnant en France, qui détient le record européen du nombre de panneaux publicitaires. Le chiffre, difficilement vérifiable, se situerait autour du million, dont un bon tiers de dispositifs illégaux. En termes de coûts, les dépenses de publicité – supportées par le consommateur – représentent un budget global comparable à celui de la Défense (de l'ordre de 30 milliards d'euros). La part de ce budget consacrée à l'affichage extérieur s'élève à 12 %, autre record européen. L'automobiliste peut ainsi constater l'accumulation des emblématiques quadrilatères à l'entrée des villes, où ils forment un décor uniformisé, banalisé, stérilisé, spectacle type de la France périurbaine des années 2000 derrière lequel s'évanouit toute la diversité des lieux et toute possibilité de vivre heureux. Tandis qu'à Paris, les réclames envahissent les trottoirs, les palissades de chantiers, la carrosserie des véhicules, les stations de métro transformées en tunnels publicitaires continus.

Les décors du quotidien devenus vitrines commerciales, c'est une nouvelle mutation culturelle, voire anthropologique, qui s'opère, tant le rapport de l'homme au monde s'en trouve modifié. L'esprit parasité, l'imaginaire colonisé, la faculté de contemplation mutilée, la pensée vagabonde privée de sortie, voilà le citoyen-consommateur condamné à vivre en apnée dans un univers clos où domine le langage des marchandises et le déni du beau. En le privant d'une relation intime avec le réel, la prolifération des signes le dépossède peu à peu de son milieu. Ainsi la publicité, pollution environnementale, devient-elle une pollution mentale qui porte atteinte à la liberté de pensée et génère un stress latent, facteur de frustrations et de mal-être. De même la liberté de circuler est-elle remise en cause par l'obligation que la publicité impose de se soumettre à ses messages, sorte de contribution passive dont il faudrait s'acquitter envers l'économie privée en échange de la jouissance de l'espace public. Sauf à marcher ou conduire les yeux fermés, la publicité ne laisse aucun choix.

Plus généralement, le phénomène publicitaire pose surtout la question de la privatisation de cet espace public. Car ce que les entreprises d'affichage vendent à leurs clients (les annonceurs) est quelque chose qui ne leur appartient pas (une tranche d'espace public en trois dimensions). En annexant des pans entiers de paysages, elles procèdent à la privatisation de fait d'un « patrimoine collectif » tel que défini par la loi. Et comme la pub se répand en priorité sur les friches indifférenciées où se désagrège l'antique opposition ville/campagne, les inégalités entre territoires en sortent renforcées, sur de nouveaux clivages : le fossé s'élargit entre, d'un côté, les quartiers résidentiels et les centres muséifiés dont le cadre de vie y est aussi préservé que les loyers y sont prohibitifs et, de l'autre, les zones rurbaines et périurbaines, entièrement dévolues à la consommation de masse, d'où est bannie toute préoccupation esthétique et où sont reléguées les classes moyennes et défavorisées. La question publicitaire dépasse donc largement le champ de l'écologie pour toucher à celui de la culture, de l'économie, des inégalités sociales, du droit et des libertés publiques.

Enfin, le système publicitaire est critiqué dans son contenu pour les stéréotypes discriminatoires qu'il véhicule, les gaspillages et la pollution qu'il génère, pour son impact néfaste sur l'indépendance des médias, la santé, l'éducation des enfants...

C'est dans ce contexte que, chacun sur des sensibilités et des angles d'attaque différents, les associations et collectifs du mouvement anti-pub ont éclos. Le combat qui se joue y est des plus inégaux. Les militants anti-pub sont souvent isolés, les groupes morcelés, tenus en liaison par la seule permanence du réseau Internet. Face à eux se dressent des multinationales de plus en plus puissantes et concentrées. Afficheurs, publicitaires et entreprises de la grande distribution connaissent parfaitement les rouages de la loi, la bafouent d'ailleurs sans scrupule, et sont prêts à investir tous les moyens humains et financiers nécessaires pour garantir la suprématie de leur activité. Les liens qu'ils entretiennent avec les grands médias et les pouvoirs publics leur assurent en outre une forme d'immunité contre la critique. Le roi du 4 x 3 m, J.-C. Decaux, ami personnel du président Nicolas Sarkozy, a ainsi réussi à contrôler le marché de l'affichage extérieur des grandes villes de France en leur imposant son dispositif de vélos en libre service. Ses panneaux se déploient dans plus de 3 000 agglomérations dans le monde et lui permettent d'afficher un chiffre d'affaires annuel de 2 milliards d'euros ! Peu lui chaut finalement si, au regard du code français de l'environnement, il passe pour un délinquant multirécidiviste que l'association Paysages de France est régulièrement obligée de traîner devant les tribunaux.

Barbouillage
et interpellation.
Paris, septembre 2006
et mars 2007.

Les justiciers de l'espace public

Comment amener les médias à dénoncer un système qui les nourrit ? Comment sensibiliser l'opinion, alors que chaque jour la publicité se coule dans nos existences jusqu'à faire oublier qu'elle pourrait aussi ne pas être là ? En dépit de ce rapport de force très inégal, les anti-pubs ont réussi à mettre leur combat en lumière et à ouvrir les yeux du grand public sur la réalité du système publicitaire, grâce notamment à des actions ciblées et spectaculaires. Ils ont d'abord fait émerger le débat hors du ronron médiatique à l'automne 2003, lorsque des militants avaient investi par centaines le métro parisien et une vingtaine d'autres villes en France. 10 000 affiches avaient alors été barbouillées et la RATP avait fait assigner en justice une soixantaine d'entre eux, âgés de 25 ans en moyenne, auxquels elle réclamait 922 000 euros de réparations. L'ampleur de la condamnation (ramenée à 16 808 euros par le tribunal) a montré les limites de ce type d'action coup de poing à grande échelle. Mais elle n'a pas empêché le mouvement de continuer sa lutte sur d'autres fronts, et sous d'autres formes.

Paysages de France accomplit ainsi depuis 1992 un important travail de fond, selon une méthode largement éprouvée qui est devenue sa marque de fabrique : les adhérents effectuent sur le terrain des relevés d'infraction, puis, si les pouvoirs publics ne font pas cesser le préjudice, l'association saisit la justice. Elle a obtenu de cette manière le démontage de milliers de dispositifs illégaux et réussit régulièrement à faire condamner les afficheurs, les grandes enseignes de supermarchés et même l'État, quand celui-ci refuse de jouer son rôle.

Au-delà de l'action judiciaire, Paysages de France milite pour que soit réformée la loi de 1979 sur les enseignes et l'affichage extérieur, aujourd'hui obsolète et ouverte à toutes les dérives. Elle intervient aussi en amont auprès des élus, dans l'élaboration des règlements municipaux, et se retrouve alors confrontée à des afficheurs qui essayent de l'exclure à coups d'arguties juridiques. Dans cet inlassable combat, la publicité est en première ligne, mais elle est suivie de tout un cortège de saccages et de nuisances (infrastructures routières, bétonnage du littoral, bâtiments commerciaux, loisirs motorisés…). Tous traduisent un même mépris des activités marchandes et technophiles pour l'intérêt général, le bien-être sensoriel et l'épanouissement de l'homme dans son environnement.

1992 est aussi l'année de naissance de RAP – pour Résistance à l'agression publicitaire. RAP intervient souvent sur le même terrain que Paysages de France, notamment auprès des municipalités lorsqu'elles modifient leur réglementation sur l'affichage, comme à Paris en 2007. Mais alors que Paysages de France s'attaque à toutes les pollutions visuelles, le combat de RAP porte sur la seule omniprésence de la publicité et en dénonce tous les aspects. Comme l'illustre l'arrivée en 2008 à la tête de l'association de Charlotte Nenner, ex-élue verte de la mairie de Paris, la dimension environnementale est très présente. Mais elle n'est pas exclusive. « *Je suis une amoureuse de Paris et cela me fait mal au cœur de voir le paysage urbain saccagé, tout comme la périphérie des villes* », explique-t-elle pour justifier son implication dans RAP, après son passage aux responsabilités chez les Verts. Mais elle rejette aussi tout un système où « *l'argent est devenu une valeur qui déstructure nos sociétés* ».

Déversements de prospectus, journées sans achats, rentrées sans marque, grèves du Père Noël, trousse à outils de résistance, jeu d'éveil anti-pub destiné aux enfants, opération « boîte jaune » contre le bourrage des boîtes aux lettres par la pub… dans ses campagnes et ses actions, RAP fait preuve d'une grande imagination. L'association s'est impliquée dans la création d'un Observatoire Indépendant de la Publicité, contrepoids nécessaire au Bureau de Vérification de la Publicité, dont les recommandations ne sont autres qu'un code de bonne conduite que les professionnels de la publicité s'appliquent à eux-mêmes. Elle milite également pour une école indépendante de toute influence marchande et pour des vélos libérés des marchés publicitaires dans les villes[1].

Pour toutes ses actions, RAP s'inscrit toujours dans une approche très légaliste. Elle n'a ainsi jamais appelé ses adhérents à participer à des barbouillages. Ce qui ne l'empêche pas d'y apporter un soutien indirect. Lors de l'opération Stopub de 2003, face au rouleau compresseur des publicitaires et de la justice, elle a aidé le collectif des assignés dans l'organisation financière de sa défense. De même intervient-elle lors des procès de barbouilleurs pour témoigner de la légitimité de leur action.

[1] Cheval de Troie couleur verte de la publicité, le Vélib' de Decaux s'est traduit à Paris par un triplement de la surface publicitaire et une généralisation des panneaux déroulants lumineux dévoreurs d'énergie. Jean-Charles Decaux le reconnaît lui-même : « *Nous ne sommes pas des loueurs de vélos, notre finalité est bien de vendre de la publicité* » (*La Tribune*, 17 mars 2008).

Exercice d'escalade
sur un panneau publicitaire
à l'entrée d'une école.
Paris, février 2005.

Méthode plus radicale :
les affiches arrachées
à la main dans une station
de métro.
Paris, décembre 2008.

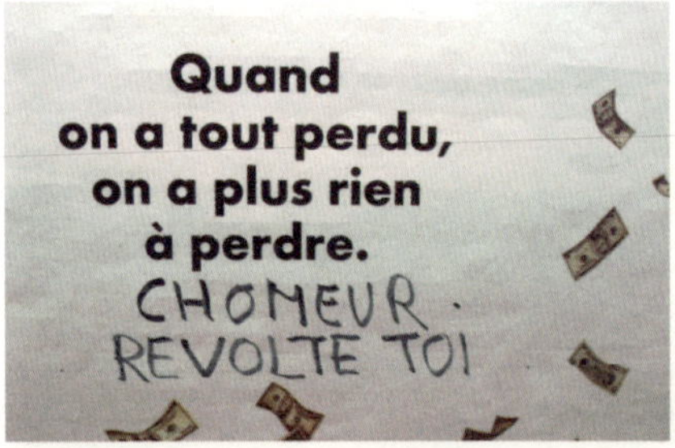

« Le système publicitaire est tellement puissant qu'on ne peut pas l'éliminer du jour au lendemain. Mais si dans dix ans on supprime les 4 x 3, je me dirais que mes enfants seront moins assujettis à la pression publicitaire. » (Arthur, Déboulonneur)

de cerveau
ESSORAGE
JUSQU'À 1100 TOURS MINUTE

ESPACE SOUS CONTRÔLE TOTAL
(c'est bien naturel)

PAS D'AVENIR

Nous sommes des zombies
MODE

SOCIÉTÉ SUPERFICIELLE !

SiMPLY
LE MOBiLE N'A JAMAiS ÉTÉ AUSSi SiMPLE.
EMMERDANT
ENVAHISSANT
NOCIF
SFR
PARLONS MIEUX. PARLONS MOBILE.

NON AU BOURRAGE DE CRANE
LIBERTÉ D'EXPRESSION

D A N G E R E X
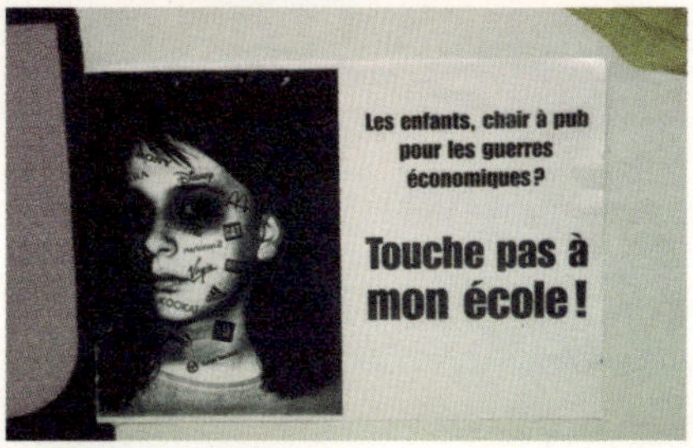
Les enfants, chair à pub pour les guerres économiques?
Touche pas à mon école !
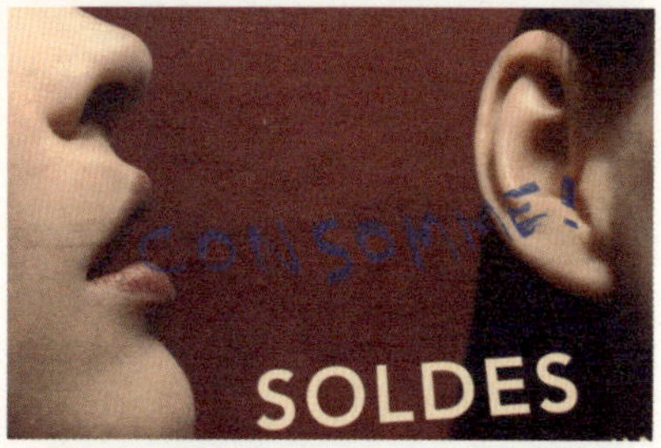
CONSOMME !
SOLDES

NON PAS DISNEY!
FAITES MOI SORTIR D'ICI!

0 % Sucre
100 % cancer

délire mystique suite à révélation consumériste

Bruit de fond

Face aux difficultés des associations légalistes à faire démonter les panneaux, l'apparition des Déboulonneurs en novembre 2005 a donc permis d'ouvrir la lutte sur un processus nouveau et complémentaire, par un glissement du légalisme vers la désobéissance civile. Parmi les fondateurs figure d'ailleurs Yvan Gradis, historique de l'anti-pub, qui n'a jamais cessé de réorienter les axes de la lutte et d'en multiplier les cibles. Car pour ce rebelle atypique empreint de surréalisme et de classicisme, l'habit aussi soigné que le verbe, « *la publicité est une hydre à mille têtes* ». Depuis l'Anadet (association pour une télévision sans pub) qu'il crée à la fin des années 1980, il a lancé sur le terrain éditorial des titres comme *Le Publiphobe*, participé à celui de *Casseurs de Pub*, publié des nouvelles et des « cartes portables » sur le thème du brûle-cerveau[2]. Il est à l'origine de RAP, qu'il préside jusqu'en 1998. Yvan Gradis a également organisé des expéditions commando dans les salles de cinéma, où les clips publicitaires étaient accueillis par des langues de belle-mère et des projections de messages en superposition sur l'écran, préludes à des débats animés avec les spectateurs. Une activité sans répit qui lui permet d'étaler dans ses faits de guerre une bonne trentaine de conduites au poste.

Par ce combat polymorphe, les anti-pubs ont réussi à installer un bruit de fond derrière le grand concert médiatico-commercial. Le sujet est, dans son contenu, plutôt dérangeant pour les entreprises de presse. Alors ils l'abordent par la forme, mais aussi en jouant sur la caisse de résonance que leur offrent les procès. Leur angle d'attaque, la taille de l'affichage publicitaire, n'est que l'argument palpable qui leur permet d'être légitime dans le débat, le haut de l'iceberg qui reste encore à mettre à nu. La force de l'action directe non-violente réside toujours dans la mise en relief d'un élément palpable comme proposition minimale.

Ils savent également que, sur une thématique aussi complexe et abstraite, où les intérêts matériels du citoyen ne sont pas immédiatement menacés, il serait vain d'espérer que la foule « *en proie à une ire prophétique* » descende un jour dans la rue pour brûler dans un même brasier « *la marée hurlante des affiches* », ces « *coups de poings atroces* », avec leurs auteurs au milieu, comme l'écrivait le philosophe Michel Serres[3]. De même, l'option du barbouillage généralisé façon 2003 implique un risque financier qu'ils ne sont pas prêts à assumer. Avec peu de moyens, peu d'effectifs, peu de temps à consacrer, les anti-pubs s'emploient plutôt à créer un rapport de force dans la durée. Dans une logique de terrain, de persistance et de multiplication des collectifs. Afin, espèrent-ils, d'inverser la vapeur. Et à l'ardente obligation de consommer, substituer dans les cerveaux la disponibilité nécessaire pour prendre du recul sur sa vie et sur la vie de la cité. ■

En attribuant aux afficheurs les marchés des vélos en libre-service, les municipalités ont permis à la publicité de renforcer sa présence dans les villes de France. Un scandale que dénoncent les anti-pubs par cette petite mise en scène (Paris, juillet 2008).

2 Appellation que donnent les anti-pubs aux téléphones mobiles, dont les réclames inondent le métro depuis la fin des années 1990.

3 *Le Monde de l'Éducation*, septembre 1997.

« Tu n'adoreras pas d'autres dieux que la Consommation, la Publicité et la Croissance » (1er commandement de l'Eglise de la Très Sainte Consommation).

Avant de passer à l'acte, les Déboulonneurs expliquent aux passants les raisons de leur geste (Saint-Denis, mai 2007).

Avenue des Champs-Elysées, Noël 2005.

Déversement de prospectus publicitaires. Paris, juin 2006.

Action commando dans le métro parisien. Une fois les repérages effectués, les affiches publicitaires sont remplacées par des slogans anti-pub préparés avant l'action (Paris, avril 2007).

Intervention du Collectif contre le publi-sexisme dans le rayon jouets d'une grande surface. Paris, décembre 2008.

Le Père-Noël était un barbouilleur. Paris, décembre 2006.

Système D : la résistance au système

Entre les anti-pubs et les sociétés d'affichage, c'est la surenchère permanente. Sitôt que les uns trouvent une prise pour saboter les supports, les autres en font évoluer les parades. Il existe cependant des méthodes très simples pour neutraliser ou détourner la pub dans l'espace public.

Recouvrement

À Montauban, des activistes se sont faits les spécialistes de cette méthode. Ils organisent des bâchages à intervalles réguliers dans leur ville, dont les abords sont dramatiquement gangrenés par l'affichage publicitaire. Leur méthode consiste à nouer deux cordes à une bâche ornée d'un slogan. À l'autre bout des cordes, ils attachent des cubes de bois, les lancent de l'autre côté du panneau et s'en servent pour hisser la bâche depuis l'arrière du dispositif jusqu'à en recouvrir la face (voir les vidéos en ligne *Comment bâcher les panneaux publicitaires* et *Montauban et les 400 panneaux*).

Un procédé spectaculaire qui permet de contourner les accusations de dégradation. Effet garanti. Habitués à ne plus rien voir de la publicité qui les entoure, les automobilistes découvrent soudain leur ville d'un autre œil. Ils peuvent imaginer le temps du recouvrement ce que serait leur quotidien sans pub.

Il existe également en Belgique un collectif baptisé Cacheurs de pub qui emballe mensuellement des panneaux avec de grands draps peints.

Bombardement

Pour le barbouillage furtif des panneaux scellés au sol, certains activistes utilisent un projectile très artisanal : l'œuf-peinture. La peinture est introduite à la seringue dans un œuf préalablement gobé. Les orifices sont rebouchés à la cire. L'œuf peut ensuite être lancé depuis une voiture au ralenti, en prenant garde à ne pas éclabousser les passants. Plusieurs douzaines sont toutefois nécessaires pour refaire une entrée de ville.

La pratique de ce sport est évidemment illégale et son impact visuel, très aléatoire.

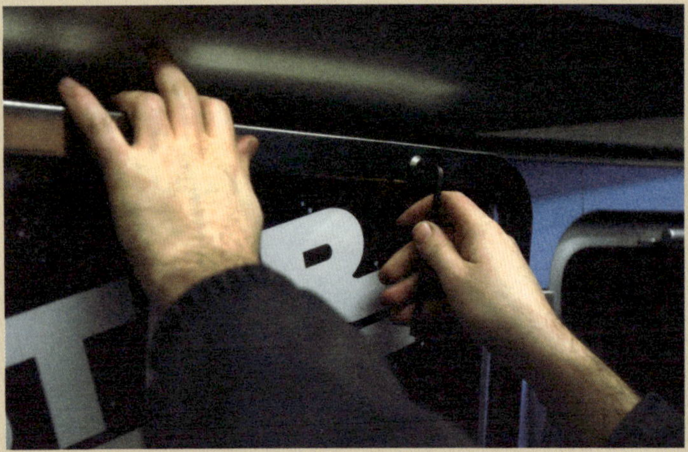

Extinction

Souvent, les panneaux lumineux comportent des boîtiers d'alimentation externes situés juste à côté du dispositif ou contre un mur voisin. Il est alors possible de les faire disjoncter en ouvrant le boîtier avec un simple tournevis, une clé ou une pince d'électricien à bout coudé.
Mais sur certains modèles, notamment les « sucettes » (panneaux en hauteur scellés sur les trottoirs), le disjoncteur se trouve sous l'affiche à l'intérieur du panneau. Les activistes parviennent à y accéder en utilisant des outils adaptés, et sans dégradation : une clé à pipe de 13 pour les anciens modèles (serrure sous le panneau), un tournevis à lame 5 mm pour les nouveaux (serrure au fond d'un trou sur le flanc du panneau).

Pochoir

Autre astuce anti-pub : le vieux cliché radiographique utilisé comme pochoir à slogan. Les fiches pratiques qui circulent sur le Web expliquent comment la radio doit être plongée dans un bain d'eau de Javel, puis brossée, rincée, séchée... Le contour des lettres est ensuite découpé au cutter, avec le slogan sur une feuille de papier scotchée sous la radio en guise de modèle.

Le cauchemar publicitaire hi-tech

Ils sont loin d'avoir rendu les bonnes vieilles affiches tout à fait obsolètes, mais ils se développent. Après les panneaux lumineux déroulants, voici les écrans numériques, plasma ou LCD de publicités animées. Cette nouvelle génération de supports présente l'avantage pour l'afficheur d'être programmable à distance. Plus besoin d'envoyer du personnel changer les affiches. Mais elle participe aussi avec encore plus d'intensité à la saturation du champ visuel et au contrôle des esprits. Certains écrans sont même munis de capteurs qui enregistrent les réactions des passants à leur insu afin de détecter quel élément de l'image a retenu leur attention. Des messages publicitaires peuvent ensuite être envoyés sur leurs téléphones mobiles.
Lorsque fin 2008 les premiers écrans capteurs de visages débarquent dans le métro parisien, un collectif se monte aussitôt, avec pour mission de contrecarrer les avancées technologiques du système publicitaire. Le groupe Ras la pub commence par neutraliser quatre écrans par des inscriptions à la peinture. D'autres collectifs (RAP, Souriez vous êtes filmés...) lui emboîtent le pas en organisant des « jonchées » de militants allongés devant les dispositifs incriminés.
Pour Ras la pub, la RATP est devenue « *un laboratoire publicitaire* » qui considère les usagers comme « *des rats sur lesquels elle peut mener à sa guise ses expériences de contrôle social* ».
Ces écrans étaient présentés comme tests en prélude à l'arrivée de centaines d'autres dans la capitale.

Sous les ors du temple sacré de la consommation que sont les Galeries Lafayette, le prêtre de l'Eglise de la Très Sainte Consommation harangue la clientèle (Paris, janvier 2008).

ORLANE
ORLANE

RÉ-ACTIONS CITOYENNES

Du sang sur les enseignes

Comment une poignée de citoyens anonymes peut-elle défier un Goliath politique tel que la République populaire de Chine ? À l'été 2008, la Chine est dans le collimateur de tous les militants des droits de l'homme. Le pays accueille alors les Jeux olympiques et le choix en forme de réhabilitation de cette dictature notoire, sur fond de marchés commerciaux juteux, n'a pas manqué de soulever les protestations, demeurées le plus souvent sous forme verbale. Un collectif constitué pour l'occasion a cependant trouvé le moyen de réagir de manière retentissante. « *On a cherché ce qui pouvait faire mal. On a pensé aux sponsors* », explique Denise Guiberteau, membre du collectif, baptisé Ré-actions citoyennes. La vocation des enseignes est en effet d'être visible ; s'attaquer aux enseignes devient dès lors l'acte ostentatoire par excellence.

La répression du peuple tibétain selon Ré-actions citoyennes. Allégorique et grand-guignol. Paris, août 2008.

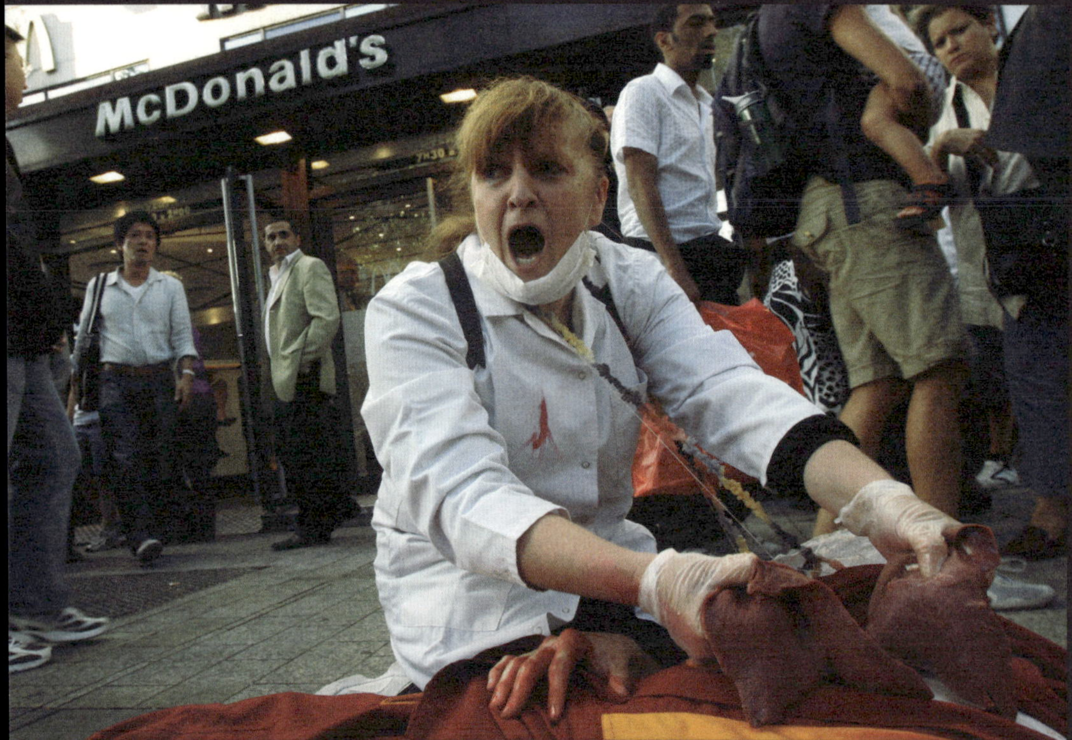

Pendant plusieurs semaines, Ré-actions citoyennes multiplie les coups d'éclat dans Paris. Malgré des effectifs limités (une vingtaine de personnes), malgré une organisation au pied levé, ils réussissent d'étonnants tours de force, dans la parfaite tradition de l'action directe non-violente et festive, tendance grand-guignol. Tour à tour, ils envahissent symboliquement un magasin Adidas, une boutique du groupe Swatch, des restaurants de la chaîne McDonald's, les locaux des société Air China ou Coca-Cola... Quelquefois, l'un des participants prend la pose du moine tibétain, menotté et le visage ensanglanté à la fenêtre du McDo, ou le corps exposé mort au fond de la boutique UPS. On le voit aussi allongé sur le trottoir, une femme munie d'un panier faisant mine de lui prélever ses organes vitaux et de les vendre au plus offrant, à la manière des marchands de poissons sur les ports. La veille de la cérémonie d'ouverture des JO, le collectif a également mis en scène un « enterrement de la Démocratie », où les présidents chinois, français et américain paradent autour d'un cercueil, la Mort félicitant la Chine d'être devenue son fournisseur officiel.

À chaque action, slogans, banderoles, tracts et drapeaux tibétains viennent renforcer le message en direction des passants et des clients des magasins : expliquer que les marques, en sponsorisant les Jeux, se font les complices d'un régime d'oppression, où les opposants sont régulièrement emprisonnés et exécutés, et où le peuple tibétain, comme l'ont alors montré des événements récents, continue d'être réprimé dans la violence. Une firme comme Adidas, équipementier officiel des JO, profite de l'aubaine commerciale pour ouvrir à Pékin son plus grand magasin au monde. Tandis que Swatch choisit la place Tiananmen, de sinistre mémoire, pour dévoiler ses dernières technologies. En ce sens, selon le collectif, les marques réalisent « *des profits honteux sur la souffrance humaine* ».

Mais le fait d'armes le plus audacieux de la série est d'avoir fait flotter un drapeau tibétain au dessus de l'ambassade de Chine. Les activistes s'étaient introduits la veille, avec duvets et provisions, dans un immeuble voisin pour y passer la nuit. Puis le lendemain matin, de toit en toit, ils ont progressé jusqu'à atteindre le niveau de l'ambassade, en prenant soin d'éviter la zone diplomatique chinoise. L'incursion n'a duré que quelques minutes avant que les forces de l'ordre n'interviennent. Quelques minutes qui ont cependant suffi pour déployer banderoles et drapeaux et immortaliser la scène. Trois des photographes présents ont d'ailleurs été embarqués au poste pour un contrôle d'identité prolongé.

Conçu autour d'un noyau de personnes sensibilisées par la question du Tibet, Ré-actions citoyennes est l'exemple du collectif « one shot » qui s'investit à chaud sur un sujet d'actualité, puis qui entre en sommeil. « *On ne peut pas mener tous les combats en même temps, sinon on les rate tous* », estime Denise. Ce qui ne l'empêchera pas de rebondir sur d'autres causes ou d'autres circonstances. Ni d'ailleurs de s'exposer à certains risques, surtout quand on se frotte à des puissances et des intérêts comme ceux de la Chine et ses marchés. En effet, si les militants ont été à plusieurs reprises délogés par la police, leur site Internet s'est également retrouvé fermé un temps de manière inexpliquée. Leurs actions leur ont aussi valu des menaces pour le moins troublantes : « *il faut qu'ils s'arrêtent, sinon on leur pourrira la vie à chacun d'entre eux* », se seraient-ils un jour entendu dire.

La société McDonald's a opté quant à elle pour d'autres formes d'intimidation : une offre spéciale d'un an de repas gratuits dans ses restaurants pour chaque membre du collectif en échange d'un cessez-le-feu. ■

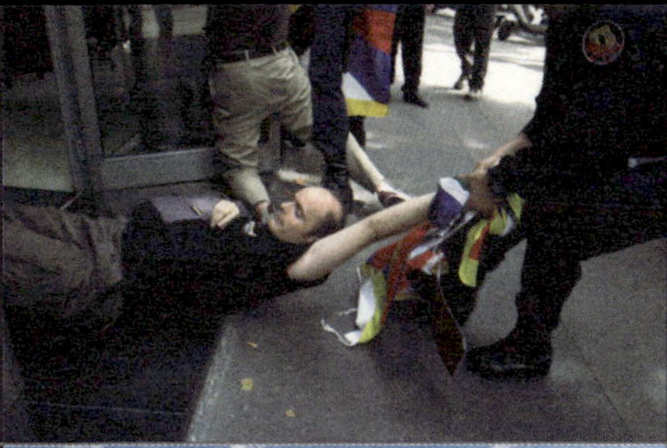

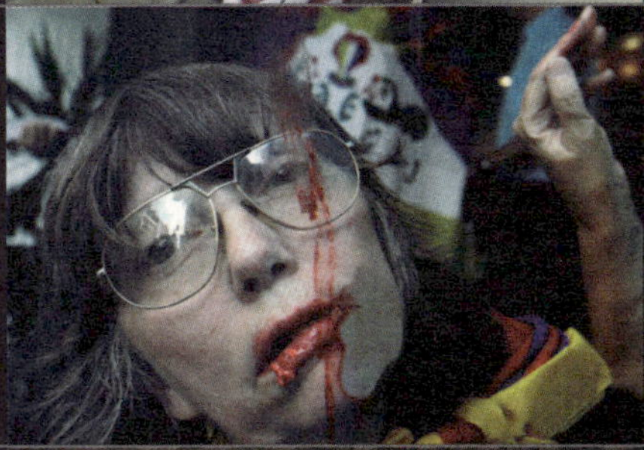

RÉSISTER AVEC FARCE

C*e que nous faisons est idiotement intelligent, nous créons de la cohérence avec de la confusion, nous développons le clown qui est en nous, celui qui permet de toujours dire "oui", nous pouvons avancer avec n'importe quoi, n'importe qui et aller vers tout* ». À la lisière de l'art et de la vie militante est désormais posté le clown-activiste. Ce nouvel avatar du militantisme, apparu dans les années 2003-2004, renoue avec la tradition ancienne de la pitrerie, dont la fonction sociale était de perturber la société pour mieux la guérir. Il y a incorporé toute une imagerie et un vocabulaire militaire. Car il considère que la planète vit une guerre permanente (de l'argent contre le vivant, du progrès contre le futur...). Il a ainsi créé une sorte de milice internationale sans chef ni centralisation, qui fonctionne par troupeaux affinitaires autonomes, et qui associe la technique de jeu du clown à la stratégie de l'action directe non-violente.

Sommets du G8, siège de l'Otan à Bruxelles, visite de Bush à Londres pour la promotion de sa guerre en Irak... l'armée clandestine des clowns insurgés et rebelles (CIRCA), impulsée par le groupe d'activistes britanniques du Kolonel Klepto (alias John Jordan), parasite régulièrement les grands rendez-vous internationaux et a essaimé dans plusieurs pays occidentaux. En France, la division parisienne se fait appeler BAC (Brigade activiste des clowns) et réunit bon an mal an une cinquantaine de brigadiers, qui répondent aux noms de Minimir, Bob-Ino ou Capsule. On l'a vue contrôler l'ADN des passants au Forum des Halles ou mettre sous « sarkophage » le siège du groupe nucléaire Areva pour le protéger d'une fuite de « mythonium cérébral ». On lui doit aussi un nettoyage au Kärcher de la mairie de Neuilly, juste retour en son fief de la rhétorique anti-racaille du ministre de l'Intérieur de l'époque, Nicolas Sarkozy. Tandis qu'en province patrouillent l'Art nez rouge (Rennes), la CAC 40 (la Ch'ti armée des clowns de Lille), les CRS (Clowns à responsabilité sociale en Auvergne), le GIGN-OL (Groupe d'intervention des gros nez de Lyon) ou Greenpitre (Vendée).

Dans la mesure où il ne vise pas directement le succès ou la reconnaissance, ne propose aucun message ouvert, ne cultive ni dialectique argumentée ni stratégie de conflit face à l'adversaire, le clown-activiste se détache nettement de l'activiste classique. À la rationalité, il préfère la créativité et la spontanéité. À la confrontation, il préfère la tactique de la confusion et du chaos. D'une façon générale, il va chercher à exploiter positivement toute situation d'échec. La pression policière devient pour lui une occasion de jeu. La cellule, une aire de jeu. Au moment des fouilles, il sort de ses poches tout un tas d'objets idiots, et la répression devient un spectacle absurde.

Mais surtout, le clown va toujours se ranger du côté des méchants et des causes horribles. Il se fait l'auxiliaire des forces de l'ordre et l'allié des entreprises les plus crapuleuses. Pendant le salon de l'armement, il bouffe de la viande d'Irakien et invite les marchands d'armes à son festin sanguinolent devant la pyramide du Louvre. Pour dénoncer les dérives qui, dans le discours sécuritaire ambiant, menacent les libertés d'expression, il s'introduit à la bibliothèque du Centre Pompidou et simule un autodafé au milieu d'une salle de lecture, en bon petit soldat de la censure rampante. Comme le clown est un être positif, davantage prêt à aider qu'à saboter, ce parti pris l'amène à soutenir à fond l'objet de sa critique, mais avec une outrance telle que son caractère pernicieux en rejaillit de manière plus éclatante. Bref, à dénoncer l'absurde par l'absurde.

Un pied de nez aux forces de l'ordre, signé la Brigade activiste des clowns. Paris, février 2006.

La zone trouble où joue le clown se situe donc entre ordre et désordre, raison et folie, discipline et désobéissance. Il y a inventé un mode d'action et de communication qui bouscule habilement tous les codes et l'autorise à se livrer à tous les excès. Car la force du clown réside dans le fait qu'il peut tout faire *parce qu'il croit qu'il peut tout faire.* Aussi longtemps qu'il reste ce personnage primitif, faussement naïf, comme né de la dernière pluie, tout est possible. Il peut tout transformer, tout réutiliser, tout remettre en cause. Sauf ordre d'en haut, un CRS ira rarement matraquer un nez rouge qui lui saute dessus pour lui faire un câlin, ou s'époumone à lui chanter « *flics, je vous aime* » sur l'air de Julien Clerc. Et quand une militante, dans son rôle de clown dragueuse, s'emploie à retirer sa veste au policier qui l'embarque dans le panier à salade, tout juste suscite-t-elle un peu de gêne. Le clown a ainsi cette puissance de déstabiliser les forces de l'ordre, de désamorcer la violence, d'interpeller les curieux, et, au final, de laisser se dessiner en creux un message parfois plus éloquent que lorsqu'il est énoncé sur une banderole.

Sur les bancs de la BAC

Sans-Plomb, squat d'artistes à Ivry-sur-Seine. La Brigade activiste des clowns organise là un après-midi de recrutement et d'entraînement. Quelques exercices d'échauffement, de déambulation, de communication non-verbale. Le fonctionnement intérieur de la brigade se présente clairement comme un mécanisme à double levier qui associe une technique, celle du clown, à une finalité politique, l'acte militant, au service duquel la technique est placée.

Côté clown, l'accent est mis sur la vie émotionnelle et sur le corps, au détriment de la vie cérébrale. Chacun à la BAC est encouragé à développer son propre personnage de clown, qui sera ensuite conservé et identifié comme tel par les autres membres du groupe. Il faut « faire sortir » son clown. Ce personnage, qui se construit autour de quelques principes d'expression théâtrale, est celui qui autorise toutes les libertés. Il permet de lever les limites du possible, de grossir les traits, d'aller au-delà des facultés naturelles de l'activiste ordinaire. Et il dispose pour cela d'un puissant artefact : le nez. Sitôt en position au milieu du visage, ce nez factice suffit à faire naître le clown et à le libérer. Certains, comme en Allemagne, interviennent d'ailleurs sur la place publique en costume-cravate, nantis simplement de leur nez rouge.

Côté activiste, c'est le pilote (la personne réelle cachée sous le masque et dans le rôle) qui est sollicité, en tant qu'être raisonnable et agissant, en fonction de l'objectif à atteindre et du contexte potentiellement dangereux. Il doit se montrer en permanence vigilant, bienveillant, et avoir toujours conscience de la position physique des autres. « *La difficulté est de laisser sortir son clown et de partir très loin avec, mais aussi de savoir redescendre et prendre une décision en trois minutes* », explique Sidonie, membre de la BAC qui anime ici les ateliers. Il est arrivé que certains clowns se mettent en danger tous seuls, par exemple en hurlant à la face d'un policier. D'où l'importance pour le groupe de savoir s'autoréguler et pour l'individu de toujours garder son sang-froid. D'où la nécessité aussi d'avoir des complices non-clowns dans l'opération, pour apaiser une situation de conflit, ou au contraire attiser l'action et éviter que l'effet recherché ne retombe trop vite.

Réunions en soirée et week-ends d'entraînement permettent à la BAC de préparer ses actions. Nous ne sommes pas complètement au théâtre mais bien dans la vie réelle. Aussi ne peut-on parler véritablement de répétitions. Les clowns savent qu'une fois sur le terrain il leur faudra tenir compte de quantité de paramètres qu'ils ne maîtrisent pas. On pose juste un scénario, on repère les lieux, on se met d'accord sur les codes qui rythmeront le déroulé de l'opération, et surtout on s'arme des outils nécessaires pour improviser à l'intérieur du cadre.

Pour le 22e anniversaire de Tchernobyl, la BAC a érigé un « sarkophage » devant le siège du groupe nucléaire Areva. Un chantier symbolique supposé le protéger d'une éventuelle catastrophe, alors qu'il vient d'annoncer une nouvelle hausse de son carnet de commandes (Paris, avril 2008).

Comme un rituel
avant l'action,
la séance de maquillage
et d'habillage
est le moment où l'activiste
entre dans la peau
de son clown
(Crozon, août 2008).

Les idées fusent de tous les casques, en réaction à l'actualité, à une situation d'urgence, par exaspération face à ceux qui abusent et accumulent du pouvoir au détriment de la vie. Entre les libertaires, les modérés, les écolos, entre les clowns qui intègrent la BAC pour militer et les militants qui choisissent le clown comme stratégie, la BAC n'a pas de socle idéologique commun. Le choix de la cible et du scénario ne fait d'ailleurs pas toujours l'unanimité, mais le débat se règle hors BAC. Ainsi Marjorie, formée au clown dans une compagnie de théâtre, intervient déjà en milieu hospitalier avec une association de clowns auprès de patients en fin de vie. Elle a voulu se rapprocher de la BAC pour y trouver une forme d'engagement où son talent serait mis à contribution : « *j'ai ma carte au Parti socialiste, mais j'ai du mal à m'y sentir concernée* ». Plus radical, Charly joue sur d'autres tableaux : « *si j'ai envie d'aller taper sur la gueule d'un flic, j'y vais, mais je mets pas un nez rouge, j'enfile une cagoule et j'assume* ». La non-violence n'est pas à l'abri d'accueillir dans ses rangs des membres qui, dans d'autres contextes, optent ou ont opté pour la violence. Mais une fois sur le terrain, les profils et différences de motivation se dissolvent dans le jeu. Et chaque clown devra tenir son personnage jusqu'au bout.

Jusques et y compris devant la presse. Impossible en effet d'obtenir d'un clown une interview au premier degré. Le journaliste doit se satisfaire de la rhétorique du bouffon. « *La communication ne peut être qu'un prolongement de l'action, donc sur un mode décalé,* explique Lorenzo. *On ne délivre pas de message, on cherche juste à interpeller les gens et à les pousser à se demander pourquoi on est là. On n'enlève donc jamais notre nez rouge pour répondre à une question sur le nucléaire. En toute circonstance, on est clown et on reste clown.* » Pour la BAC, contrairement aux autres collectifs, le média n'est pas un interlocuteur déterminant. Certaines de ses actions ont lieu sans aucun témoin, en circuit fermé, juste pour le geste.

Strasbourg, sommet de l'OTAN, devant une barrière anti-émeute, avril 2009.

Paris, devant le domicile des époux Chirac, mai 2008.

Paris, les Halles, décembre 2007.

A travers ces opérations de séduction, les clowns tentent de percer la cuirasse des forces de l'ordre pour enrayer leur mécanique rigide et programmée, faire éclore une émotion, et provoquer peut-être l'amorce d'une réflexion (Paris, 14 juillet 2007).

Les Dix Commande-toi-toi-même de la BAC

I. —— Ton binôme, jamais d'un pouce tu ne quitteras.

II. —— Jamais ton nez, en action, tu n'enlèveras, tant que de ton clown tu n'es pas sorti.

III. —— Toujours, avant une action culottée ou sans culotte, les conseils d'un avocat tu prendras.

IV. —— Toujours, avant une action, un repérage des lieux tu effectueras.

V. —— Toujours à l'écoute de l'ensemble du groupe réuni tu seras.

VI. —— Toujours, pour une action, une pièce d'identité pour ne pas trop patienter au poste tu auras.

VII. —— Toujours en clown tu parleras. Toujours le clown aux injonctions obtempérera.

VIII. —— Que les choses soient claires : on aime le système et les forces de l'ordre sont nos amies !

IX. —— Messages simplificateurs et slogans réducteurs tu éviteras de répéter en chœur.
Des paroles décalées et absurdes tu prononceras.

X. —— Choisis-le toi-même.

CAISSE D'EPARGNE

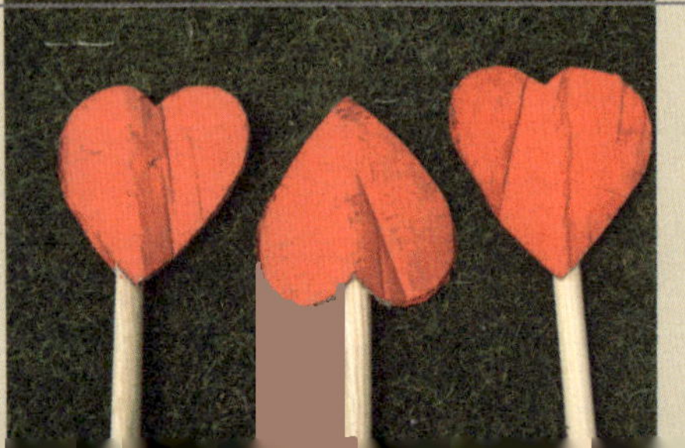

Armes de dérision massive

L'accoutrement foutraque du clown activiste est un mixage hétéroclite et baroque de références qui empruntent à la fois à l'univers militaire, sanitaire et cocardier, et à celui du cirque, de la fête, du travestissement et du kitsch frivole. Képis, treillis et combinaisons anti-radiations renvoient à la réalité tragique d'un monde de violence et de guerre. Tandis que boas, perruques et saladiers sur la tête sont là pour souligner l'absurdité de cette réalité et la tourner en dérision.

En guise de matériel de guerre, les clowns ont également développé un arsenal tout en douceur et en paradoxes. Selon les cibles, selon les batailles, ils dégaineront confettis, mirlitons ou ballons de baudruche, cacatapultes, bulles de savon ou pistolets à eau. En cas d'accident nucléaire, ils se muniront de plumeaux pour nettoyer les poussières radioactives. L'arme fétiche de la BAC semble être toutefois le redoutable tibiazooka, ou bazooka lance-nonosse.

Fleuron de l'ingénierie balistique clownesque, ce tibiazooka est venu perturber les tirs de la nouvelle génération de missiles M51, testés dans le centre d'essais de Biscarosse (Landes). Une campagne conduite en septembre 2006 pour dénoncer la relance en catimini de l'arme nucléaire par la France.

Chaque année, au Carrousel du Louvre, les clowns de la BAC se réunissent pour leur traditionnel « contre-défilé » du 14-Juillet.
Mimant une charge de CRS, ils se protègent avec des passoires en guise de casques et des boucliers taillés dans des supports pour panneaux publicitaires.
Le char d'assaut, fleur et nez rouge au bout du canon, est monté sur un châssis en bois autour d'une bicyclette (Paris, juillet 2006).

Un week-end à la mer

Patrouille antinucléaire sur la presqu'île de Crozon. Bretagne, août 2008.

Quand début août les clowns de la BAC bivouaquent en Bretagne, ils choisissent la proximité de l'Île-Longue, base militaire de la rade de Brest qui abrite l'essentiel de l'arsenal nucléaire français. Leur manière à eux de célébrer l'anniversaire d'Hiroshima et Nagazaki, c'est de se frotter à l'incroyable dispositif militaire déployé autour du site et, profitant de la tenue sur la presqu'île du Festival du Bout du Monde, de sensibiliser les festivaliers, touristes et résidents à la menace qui plane alentour. La communication, c'est Xavier Renou qui s'en charge. Le Désobéissant s'exprime ici en qualité de porte-parole du Réseau Sortir du nucléaire, auquel les clowns sont venus prêter main forte. Il dénonce la « chape de plomb » qui pèse dans le pays sur la question du nucléaire (« *pas de débat démocratique, pas d'information dans les grands médias, comme si la population n'était pas mûre pour en discuter* »), et localement autour de l'Île-Longue (« *difficile de se mobiliser, car c'est aller contre une communauté soudée par le silence* »). Références juridiques à l'appui, il rappelle que les nouveaux missiles M51, attendus pour être assemblés et stockés sur la base, constituent une atteinte au droit international, car avec eux la France relance l'arme nucléaire alors qu'elle s'était engagée à désarmer. Ces missiles, d'une

extrême précision et d'une puissance réduite, pourront être utilisés contre des puissances non-nucléaires et viser des usines, des quartiers. « *La France est un état voyou selon la définition américaine,* estime ce spécialiste de la question. *S'armer ici, c'est encourager les autres à faire de même pour se protéger de nous, ce qui aggrave la prolifération et mène mécaniquement à ce qu'un jour quelqu'un utilise l'arme nucléaire et tue massivement des populations civiles.* »

Pendant ce temps, sur le camp, les clowns fourbissent leurs armes. Ils déballent perruques, costumes et faux-missiles, composent des chansonnettes, se maquillent le visage, confectionnent de faux nez verts avec des coquillages. Les sous-marins qui doivent partir à l'assaut de la base (en fait deux baignoires renversées, peinturlurées et renforcées à la mousse polyuréthane) sont appareillés. La veille, Jean-Yvon a effectué des repérages sur Google Earth. Chez ses parents, couple de retraités contraints de vivre depuis 1967 dans le voisinage des bombes, il a récupéré palmes, gilets de sauvetage, bambous pour les banderoles. Le camp est établi à quelques kilomètres à l'intérieur des terres, dans un champ mis à disposition par un sympathisant local, pourvu d'une vaste grange servant de réfectoire et d'atelier. Les campeurs y sont réveillés chaque matin par un hélicoptère de l'armée. Où que soient les activistes, ils savent que Big Brother n'est jamais très loin. Une donnée qu'ils ont largement intégrée dans leurs calculs.

Ils sont ainsi une quarantaine de différentes régions de France à s'être donné rendez-vous pour parader sur le terrain nucléaire. Les numéros s'enchaînent sur deux journées. Un programme chargé. Du grand spectacle. On assiste dans l'enceinte du festival à l'élection inopinée de Miss Île 51, où Charly en Madame de Fontenay intronise cinq bombinettes qui finissent par s'entretuer. Un peu plus tard, les clowns réapparaissent sur la plage à touristes en combinaison de liquidateurs, équipés de compteurs Geiger et de bazookas « lance-nonosses ». Manière de vérifier que « *tout est conforme* » et d'informer au passage les baigneurs médusés sur la politique nucléaire française.

Plus troublante est la simulation d'accident nucléaire organisée en fin de week-end à l'entrée de la presqu'île. Les automobilistes sont d'abord interceptés par une équipe de faux gendarmes et de faux experts nucléaires. « *Un incident s'est produit sur le site de l'Île-Longue. Calfeutrez-vous, restez branchés sur France-Info, nos collègues vous distribueront des pastilles d'iode* ». La tension monte dans l'habitacle (nous sommes alors en pleine série noire nucléaire, avec les incidents du Tricastin de l'été 2008 que les médias se sont mis à relater). Les « collègues » en question sont en fait une seconde équipe de clowns qui surgit au rond-point suivant pour désamorcer les inquiétudes, sur le thème : « on vous a bien eus, mais la prochaine fois, ce ne sera peut-être pas un canular... ». Comme souvent, la scène s'est déroulée sous l'œil bienveillant mais vigilant des (vrais) gendarmes, arrivés sur le site avant les clowns eux-mêmes. Le RG local, repéré à plusieurs reprises aux chausses des militants, avait selon toute vraisemblance bien accompli sa mission.

« Une fuite radioactive a été détectée, mais nous maîtrisons la situation : tout est sous contrôle ! » Crozon, août 2008.

Gloire au nucléaire, gloire à la mort !

Mais l'opération la plus spectaculaire reste l'attaque de l'Île-Longue, par voie terrestre et maritime. Le fait qu'hormis quatre journalistes aucun témoin ne soit présent pour contempler le tableau n'enlève rien à l'ardeur des protagonistes. L'approche sur la plage déserte s'effectue au pas cadencé, galvanisée par les chants de guerre aux douces rimes : « *Plus de missiles sur la presqu'île !* », « *Gloire au nucléaire, gloire à la mort !* », ou encore « *Nagazaki, c'était trop p'tit, Hiroshima, on remet ça !* ». Arrivés devant les grilles de la base, les clowns se retrouvent face à un cordon de sécurité, devant lequel ils vont exécuter danses bretonnes, entonner refrains et psalmodier prières. Les clownettes les moins bégueules tentent d'infliger des bisous à des militaires qui s'efforcent malgré tout de rester stoïques. À plusieurs reprises, certains essaieront de se faufiler derrière le barrage mais seront interceptés *manu militari* et traînés à terre vers leur ligne d'origine. Échange discret de sourires entre un militaire et un militant.

Début des évacuations

Le face-à-face dure ainsi une partie de l'après-midi. Pendant ce temps, le dispositif de sécurité s'est mis à enfler peu à peu, jusqu'à atteindre des proportions qui pourraient paraître démesurées au regard de la situation. Car pour affronter ce pathétique bataillon de clowns dépenaillés, armés de simples os en plastique et de baignoires à propulsion palmipède, la Marine française n'a pas lésiné sur les moyens : huit fourgons, deux zodiacs, un hélicoptère, une équipe cynophile, deux motards et une quarantaine de fantassins. Des moyens à l'image de l'enjeu que représente le site, mais aussi de cette supériorité criante que la force de coercition étatique se doit d'incarner face à tout adversaire qui la menace en son cœur.

Préparatifs

L'approche terrestre

L'approche sous-marine

La dernière scène est alors des plus héroïques. Lorsque les sous-marins de la BAC essayent de pénétrer à l'intérieur du périmètre de sécurité au large de la base, l'armée française passe à la contre-offensive. Elle dépêche illico hélico et zodiacs. L'hélico survole un temps les clowns au plus près de l'eau, jusqu'à ce que les remous provoqués par l'hélice finissent par faire chavirer leurs barcasses. Surplombé par la puissante machinerie militaire, le banc des clowns éparpillé dans son bain de mer apparaît soudain minuscule et vulnérable. Il ne reste plus qu'à regagner la plage, à la nage pour certains. Cette fois-ci, personne n'est embarqué au poste. Mieux vaut laisser les remous à la mer.

Quelques heures plus tard sur la pelouse du festival, débriefing des opérations. Maud, assistante sociale dans la vie réelle, a retiré son nez rouge et confie ses impressions. « *J'ai longtemps été en errance militante. J'ai flirté avec différents groupes d'extrême gauche comme la fédération anarchiste, mais je ne me suis jamais investie réellement. Car je ne peux pas militer si je ne me sens pas accueillie. On s'inscrit dans un groupe par affinités. Depuis, je participe à des actions dans une diversité idéologique plus large, aux côtés de militants écologistes ou même centristes. Et c'est finalement dans ces situations que j'ai l'impression de me radicaliser le plus. Sans déguisement, sans l'ambiance, je ne me serais jamais permise de forcer un cordon de gendarmes. Mais en clown, comme les gendarmes sentent que c'est du jeu, je peux tout me permettre. J'ai aussi déconstruit mon image du flic : je n'ai plus envie de lui lancer un pavé dans la tronche car j'ai intégré que ça ne servait à rien. Petit à petit, grâce à la non-violence, je suis de plus en plus radicale et de plus en plus en accord dans mes actes avec moi-même* ». ■

La contre-offensive aérienne

Tentative de pénétration

Élection du plus beau gendarme

Arrêt des opérations

Clowns hygiénistes, toujours prêts à rendre service à la République. Le Raincy, décembre 2005 et Crozon, août 2008.

Des tripes pour les industriels de l'armement, des cerveaux pour le ministère de la Recherche. Paris, juin 2008 et février 2009.

Tour à tour interpellant et interpellés, les clowns vivent une relation ambiguë avec les forces de l'ordre (Heathrow, août 2007 et Paris, janvier 2006).

Le 1er juillet 2006, devant
le ministère de l'Intérieur,
la BAC sonne l'ouverture officielle
de la « chasse à l'enfant étranger ».

Après Neuilly-sur-Seine et Chamallières,
le grand nettoyage des mairies par l'armée
des clowns se poursuit en décembre 2005
avec la kärcherisation de la mairie
du Raincy. Les clowns de la BAC investissent
la salle du conseil municipal.

La folie des soldes jouée par la BAC dans les rayons d'un grand magasin parisien, avec le concours musclé des vigiles pour la sortie de scène. Paris, janvier 2008.

Strasbourg,
sommet de l'OTAN,
avril 2009.

SAUVONS LES RICHES

Les nababs au brancard

Pour sa deuxième opération de sauvetage dans la haute, le collectif Sauvons les riches n'a pas hésité à frapper haut et fort. Le patient à soigner n'est autre que le fils du chef de l'État, Jean Sarkozy, 22 ans et déjà conseiller général. Et c'est dans le cadre haut en dorures d'un déjeuner du Rotary au Pavillon Dauphine, dans le XVIe arrondissement de Paris, que le dauphin est surpris. Autour de lui sont réunies d'opulentes tablées de rotariens, à l'occasion d'une « *cérémonie secrète où les riches du pays adoubent l'un des leurs* » ont annoncé les militants. Lesquels militants ont fait irruption dans le restaurant sans se heurter au moindre contrôle, alors même qu'une heure auparavant ils donnaient en pleine rue une conférence de presse devant les micros des principaux médias parisiens.

Entrée pétaradante, au son du générique du feuilleton « *Dallas, ton univers impitoyable !* », l'indicatif du collectif. Sortie dans le plus grand désordre, sous des huées nettement moins dignes : « *Cassez-vous bande de cons, allez jouer ailleurs !* ». Entre les deux, la quinzaine de militants a eu tout le loisir de s'agglutiner devant la table d'honneur, certains en blouse d'infirmiers, les autres sagement sapés et peignés, façon jeunesses UMP. L'effectif est plus que doublé par la présence massive des journalistes, qui donne corps à l'action et lui confère un crédit supplémentaire, une prestance, que les militants n'auraient probablement pas seuls. Les médias sont plus que jamais partie intégrante du dispositif. Le but de la manœuvre est de remettre au jeune Sarkozy son « diplôme de fils à papa, mention Balkany, de l'université de Neuilly », et de débattre un brin sur les inégalités sociales. « *Si certains sont riches, c'est parce qu'ils ont beaucoup travaillé* », osera l'héritier, entre deux rires jaunes, mi-fair-play, mi-décontenancé. Tandis qu'un autre convive s'essaye à offrir aux trouble-fête des miettes de pain dans une assiette. Un accueil qui donne une idée du mépris et du sens de la charité par lequel une classe sociale peut traiter une autre…

Visite surprise au Rotary Club. Après remise du « diplôme de fils à papa » à Jean Sarkozy, militants et journalistes seront chassés sous les huées (Paris, avril 2009)

Le collectif Sauvons les riches a fait son apparition dans le paysage militant en mars 2009, surgissant d'une manifestation syndicale à bord d'un rutilant carrosse. Ses membres, issus des rangs de Jeudi Noir, Génération Précaire ou d'Europe Écologie[1], réactivent en contexte de crise le thème de la lutte des classes sur un mode humoristique, et sur un angle d'attaque original : interpeller les riches dans leur petit monde. « *Il est vital de défendre les victimes en bas de l'échelle,* explique Karima Delli, *mais il est aussi important de braquer les projecteurs sur les riches, car ce sont eux qui profitent des inégalités, alors qu'on nous les présente comme les nouveaux héros de la société. S'il y a des victimes, c'est qu'il y a des oppresseurs, et ces oppresseurs ce sont les riches.* » Et la jeune militante de convoquer Balzac : « *derrière chaque grande fortune, il y a un crime* ».

Adoptant le raisonnement par l'absurde, le collectif prétend donc soigner les nantis de leur vie « *vulgaire, ostentatoire et destructrice pour la planète* ». Il vient pour cela les secourir sur son brancard « des grands brûlés de l'argent ». Il tient aussi à leur disposition un « kit de survie » comprenant spaghettis, ticket de métro et vache-qui-rit. Sa première cible a été Jacques Séguéla, lui qui qualifiait de « *raisonnable* » un salaire annuel de 3 millions d'euros ou de « *ratée* » une vie sans Rolex. « *Vous avez perdu la raison* », lui avait lancé son brancardier Manuel Domergue. En bon communicant, Séguéla s'était prêté au jeu, et avait accepté de bonne grâce la montre à 7 euros offerte pour l'occasion. Avec Jean Sarkozy, c'est encore cette fausse bienveillance qui prévaut. « *Ce n'est pas sain d'être conseiller général parce qu'on est le fils de son père*, estime le même Manuel Domergue. *C'est triste pour lui. C'est triste pour la démocratie* ».

Derrière les cibles people, les « sauveurs de riches » développent en fait tout un discours sur la redistribution et la taxation des salaires. Ils réclament un revenu maximum européen à 30 fois le revenu médian, sur le modèle mis en place par Roosevelt dans les années 1940 qui a permis de réduire les inégalités aux États-Unis jusqu'aux années 1980. Au-delà de ce plafond, les salaires seraient très lourdement taxés. « *Il ne s'agit pas d'attaquer des personnes, de leur reprocher de bien vivre et bien manger,* précise Lionel Primault, *mais d'attaquer un système de répartition pour qu'il soit plus équitable.* » Ne montent donc sur le brancard que les titulaires des revenus les plus délirants, les patrons des grandes entreprises dont les rémunérations explosent, et se chiffrent en centaines de milliers d'euros.

L'appât du gain, rappelle le collectif, est à l'origine de la crise. La grande idée de Montesquieu sur la limitation des pouvoirs doit dès lors s'appliquer à l'économie comme elle s'applique aux institutions. Car, face à la richesse qui tend naturellement à s'étendre toujours plus loin, les incantations ne sont que rideau de fumée. Seuls les leviers de la loi et de la fiscalité peuvent être actionnés. Seule une force limite une autre force. Le désir de s'enrichir est une passion qui ne peut se limiter d'elle-même, un désir enfantin qui persiste chez l'adulte comme un désir de Rolex. Une pathologie sociale qu'il faudrait donc soigner d'urgence. ■

Première apparition publique de Sauvons les riches en mars 2009, dans le sillage de la crise financière, ici sur le trottoir du Palais Brongniart.
Leur slogan : « Je suis riche, mais je me soigne ».

À VOIR LA TROUPE de Sauvons les riches ou de l'Appel et la Pioche s'inviter au banquet des nantis, il devient tentant de relier le militantisme d'aujourd'hui à l'imagerie révolutionnaire traditionnelle, celle d'un peuple en armes qui se dresse contre la caste des dominants et des privilégiés, où les armes seraient devenues Twitters et caméras numériques. Car ces récentes expériences activistes ne sont pas seulement des exemples parmi d'autres dans la galaxie des collectifs. Dans le processus de transformation de la lutte, elles correspondent aussi à un stade qui accompagne un contexte de crise. Le retournement idéologique à l'œuvre dans le monde depuis trois décennies conduit la démocratie à se pervertir en ploutocratie. Les oscillations cycliques du capitalisme provoquent dans leurs phases descendantes un besoin de protection chez les citoyens ainsi qu'un violent sentiment d'injustice face aux inégalités. Il serait donc logique que la révolte se structure à nouveau sur des antagonismes de classe, qu'elle revienne à ses fondamentaux, selon ce style festif qui est désormais le sien.

De plus, l'apathie qui a fait le terreau des collectifs n'est pas sans rappeler les périodes de torpeur qui précèdent certaines révolutions. En mars 1968, *Le Monde* ne titrait-il pas « *La France s'ennuie* » ?

Cependant, en dépit de ces approches de type cyclique, il serait malvenu de voir dans les nouveaux groupes militants l'avant-garde d'un quelconque mouvement révolutionnaire. Les incursions sauvages au Rotary Club ou au supermarché Carrefour ne sont pas les marches d'octobre 1789 sur Versailles pour demander du pain au roi. Car les mouvements actuels ne s'agrègent pas entre eux. Leurs objectifs sont hétérogènes. L'esprit ambiant de la jeunesse n'est pas à la révolte. La multiplication des collectifs est le symptôme d'un mal-être diffus, le signe que notre civilisation est peut-être arrivée à un état potentiellement prérévolutionnaire, mais elle ne constitue pas en elle-même ce frémissement prérévolutionnaire.

De même, si la vitalité, la luxuriance de tous ces groupes peuvent donner le sentiment du retour en force d'un vaste mouvement contestataire, capable à nouveau de remodeler le monde, ce sentiment reste largement subjectif. Il résulte, de l'extérieur, de la vision déformante que livre la loupe des médias. De l'intérieur, il est celui que partagent les militants qui vivent et vibrent dans l'action, et qui naturellement porte à l'espérance, à la sensation qu'une expérience collective, dès lors qu'elle est vécue de manière intense et répétée, peut devenir réalité universelle. De là tout le décalage entre la perception de la contestation et son efficacité réelle.

Le monde certes, sous les coups de scalpel du combat militant, se remodèle, mais encore à la marge. Le combat agit au niveau des lois, des mentalités. Il peut infuser lentement ses idées dans la société et les y figer durablement. On l'a vu notamment sur les questions de société, avec le rôle joué par les collectifs de jeunes précaires ou de mal-logés, ou dans le domaine de l'écologie. Ces actions peuvent générer d'importants bénéfices en termes sociaux et humains, mais elles relèvent davantage du cours normal de la démocratie que d'un véritable schéma de rupture.

Effets pervers

À quelles limites se heurtent alors les militants d'aujourd'hui ? Outre le morcellement et le défaut d'unité – unité qui n'est de toute façon que très rarement une ambition affichée – les collectifs souffrent des effets pervers contenus à l'intérieur même de leurs stratégies.

D'abord, en choisissant l'accès aux médias comme principal moyen d'expression, ils se condamnent à enfermer leur discours dans un format réducteur, au détriment d'une réflexion de fond sur le sujet. Car pour passer par le canal des médias grand public, et donc être entendus des élus et des citoyens, ils savent qu'ils doivent privilégier le visuel sur la rhétorique. L'écueil est donc bien de céder à la simplification du message, à la fragmentation de l'analyse et, en l'abordant sous le seul angle de l'actualité, à un certain présentisme. Alors même que les problématiques soulevées sont souvent à relier à une multitude de tenants et d'aboutissants dans le temps et dans l'espace.

D'autre part, ce souci de médiatisation participe à sa façon au phénomène de saturation et de surenchère de l'information, celui-là même que dénoncent les militants comme une entrave au développement de l'esprit critique. Dans ce champ médiatique surencombré, des feux de paille éclipsent régulièrement le travail de terrain des associations. Et ne participent que superficiellement à l'élaboration d'une pensée originale et à des prises de conscience profondes. « *Le militant est noyé sous l'information*, déplore l'écologiste Stephen Kerckhove. *Même TF1 donne dans l'environnement. On fait passer une info, mais elle sera ensevelie par des centaines d'autres. La petite musique médiatique fait que les gens entendent, mais est-ce qu'ils écoutent ?* »

Quant à cet état d'éparpillement stérile, certains comme les Désobéissants ont mis en place pour y pallier une stratégie de convergence qui les amène à s'impliquer dans plusieurs luttes à la fois. Mais là encore, la stratégie comporte ses revers. Sans cibles ni propositions précises, les Désobéissants tombent dans un activisme tous azimuts qui en vient à brouiller leur image et à entamer leur crédibilité.

De leur crédibilité, il en va également sur la question du leadership. Tous les activistes sont allergiques aux notions d'autorité et de hiérarchie. L'esprit de la désobéissance civile est par essence antinomique avec l'idée de chef. Mais, quoiqu'ils s'en défendent, les groupes n'échappent pas au phénomène de personnalisation. La difficulté à faire tourner les porte-parole résulte certes moins d'une soif de prestige des uns que d'un équilibre tacite qui s'établit avec les autres, ou d'une demande implicite des journalistes. Néanmoins, une propension demeure à toujours revoir les mêmes visages au milieu des forêts de caméras. C'est le cas notamment chez les Don Quichotte, qu'incarne le charismatique Augustin Legrand.

À l'opposé existe aussi le risque du tout virtuel, Internet étant devenu le recours systématique dans toute velléité d'action. À tout baser sur son usage, le militant des années 2000 se donne parfois l'illusion d'agir seul derrière son ordinateur, mais sans vraiment peser sur le réel.

Ivresse créative

En définitive, les deux principaux défis qui se posent à la militance d'aujourd'hui résident dans le bon rapport à trouver entre, d'une part, création et contestation et, d'autre part, acceptabilité et radicalité. Ou comment éviter que, dans chacun de ces rapports, le premier des deux éléments ne prenne le pas sur l'autre.

Le piège serait d'abord pour les militants de se laisser emporter par l'ivresse ludique et créative, de se faire croire, parce qu'une mise en scène originale, drôle et bien ficelée a séduit son auditoire, que la dérision et le plaisir de la fête suffisent à faire progresser une cause. Bref, jouer l'action pour l'action. La mode des *flash mobs, smart mobs* et autres *freezes* illustre cette dérive possible du happening politique, où le geste devient une fin en soi. Or, créativité ne vaut pas légitimité. Elle ne compense pas la pertinence du discours, ni l'adhésion par le nombre. Quelle qu'en soit la finalité ultime, le champ du politique ne doit pas se laisser déborder par celui de l'artistique, au risque de se perdre.

La nécessité d'acceptation de la part du public est l'autre enjeu qui pose une limite à la subversion. Pour être reçu et compris du plus grand nombre, le message doit en effet se plier à un cadre et à des contraintes que lui impose le récepteur et qui en altèrent nécessairement le contenu. Dès lors, le choix de la radicalité s'expose aussi au risque de sa remise en cause.

Symptôme d'une époque où la contestation en marge n'est plus audible, les activistes sont obligés pour se faire entendre de jouer avec la société du spectacle en rivalisant de créativité. Mais en retour, la société du spectacle pourrait bien neutraliser en son sein ceux qu'elle comprend avant tout comme des adversaires. ■

A la veille de l'élection présidentielle de 2007, le collectif La France qui se lève tôt assure le réveil en fanfare de la mairie de Neuilly. Un « barouf d'honneur » tonitruant et matinal pour défendre les libertés, et montrer que les travailleurs restent solidaires malgré les slogans de campagne qui cherchent à les diviser.

Paris, juillet 2007.

Quelques lectures

S'engager, les nouveaux militants, Tim Jordan (Autrement, 2003)
Abécédaire de l'engagement, Miguel Benasayag (Bayard, 2004)
Militer aujourd'hui, Jacques Ion (Autrement, 2005)
Le Désengagement militant, Olivier Filieule (Belin, 2005)
La France rebelle, Xavier Crettiez et Isabelle Sommier (Michalon, 2006)
Les Nouveaux militants, Laurent Jeanneau et Sébastien Lernould (Les Petits matins, 2008)
Les Nouveaux mouvements contestataires à l'heure de la mondialisation, Isabelle Sommier (Flammarion, 2001)
La Désobéissance civile, H. D. Thoreau (1849, Mille-et-une-nuits)
Petit manuel de désobéissance civile, Xavier Renou (Syllepse 2009)
Pour la désobéissance civique, José Bové et Gilles Luneau (10/18, 2005)
Désobéir à la publicité et *Désobéir pour les sans-papiers,* Xavier Renou (Le Passager Clandestin, 2009)
Le Petit livre noir du logement, Jeudi Noir (La Découverte, 2009)
Les Surveillants surveillés, Big Brother Awards (Zones, 2008)
Sois stage et tais-toi, Génération Précaire (La Découverte, 2006)
Cette France-là, collectif (La Découverte, 2009)
RFID, la police totale et *Aujourd'hui, le Nanomonde (les nanotechnologies, un projet de société totalitaire),* Pièces & Main d'œuvre (L'Échappée, 2008)
L'Insurrection qui vient, Comité invisible (La Fabrique, 2007)

Un film à voir : *Les Enfants de Don Quichotte (acte 1),* de Jean-Baptiste Legrand, Augustin Legrand et Ronan Dénécé (2008).

Les collectifs sur le Web

Anonymous http://www.whyweprotest.net
L'Appel et la Pioche http://lappeletlapioche.blogspot.com
Art is not dead http://www.artisnotdead.fr
La BAC (Brigade activiste des clowns) http://www.brigadeclowns.org
Les Big Brother Awards (BBA) http://bigbrotherawards.eu.org
Brigade anti pub http://www.bap.propagande.org/
Le Carré vert http://www.carrevert.net
Les Cercles de silence http://cercledesilence.info
CIRCA (Clandestine Insurgent Rebel Clown Army) http://www.clownarmy.org
Le Clan du néon http://clanduneon.over-blog.com
Le Collectif contre le publisexisme http://publisexisme.samizdat.net
Le Collectif des mal-logés en lutte http://www.collectif-logement.org
Les Cyclonudistes http://www.cyclonudiste.fr
Les Déboulonneurs http://www.deboulonneurs.org
Les Dégonflés http://degonfle.blogg.org
Les Désobéissants http://www.desobeir.net
L'Eglise de la Très Sainte Consommation http://www.consomme.org
Les Enfants de Don Quichotte http://www.lesenfantsdedonquichotte.com
Les Faucheurs volontaires http://www.monde-solidaire.org/spip
La France qui se lève tôt http://lafrancequiselevetot.over-blog.org
Génération précaire http://www.generation-precaire.org
Guérilla gardening http://www.guerrillagardening.org
Jeudi Noir http://www.jeudi-noir.org
Macaq http://www.macaq.org
Les Manifs de droite http://www.manifdedroite.com/blog
Le groupe Oblomoff http://www.bellaciao.org/fr/IMG/pdf/Plateforme.pdf
Le Pavé en mousse http://pave68enmousse.blogspirit.com
Pièces et main d'œuvre (PMO) http://www.piecesetmaindoeuvre.com
Les Planteurs volontaires http://lesplanteursvolontaires.hautetfort.com
La Quadrature du Net http://www.laquadrature.net
Ré-actions citoyennes http://www.re-actionscitoyennes.fr
Le Réseau éducation sans frontières (RESF) http://www.educationsansfrontieres.org
Robin des toits http://www.robindestoits.org
Sauvons les riches http://sauvonslesriches.lu
Souriez vous êtes filmés (SVEF) http://souriez.info
Les Végans http://vegan.fr
La Vélorution http://www.velorution.org
Votre nouveau visage http://votrenouveauvisage.blogspirit.com
Le 9e collectif http://9emecollectif.net
/tmp/lab http://www.tmplab.org

Le blog du livre

www.un-nouvel-art-de-militer.info

Stage de désobéissance civile. Paris, juin 2008.

TABLE DES MATIÈRES

Conception graphique : François Martin-Bled
Illustrations (page 21) : Lilas Aimé
Photogravure : EG Atelier, Ivry-sur-Seine
Grafiche Marini Villorba, Villorba
Achevé d'imprimer en septembre 2009
IMPRIMÉ EN ITALIE, UNION EUROPÉENNE

N° éditeur : 170508